DER ERBSCHAFTSASSISTENT

Set mit Mustern und Formulierungshilfen, die Sie für Ihr Testament brauchen – u.a. Mustertestamente, Checklisten, Berliner Testament

Dr. Otto N. Bretzinger

WOLTERS KLUWER | STEUERTIPPS

Postfach 10 01 61 · 68001 Mannheim
Telefon 0621/8626262
Telefax 0621/8626263
www.steuertipps.de

2. aktualisierte Auflage
Stand: Oktober 2024

Zum Zwecke der besseren Lesbarkeit verwenden wir allgemein die grammatisch männliche Form. Selbstverständlich meinen wir aber bei Personenbezeichnungen immer alle Menschen unabhängig von ihrer jeweiligen geschlechtlichen Identität.

Redaktion: Dr. Torsten Hahn, Benedikt Naglik
Geschäftsführung: Christoph Schmidt, Stefan Wahle

Layout und Umschlaggestaltung: futurweiss kommunikationen, Wiesbaden
Bildquelle: © WavebreakmediaMicro – stock.adobe.com
Druck: Williams Lea & Tag GmbH, München

ISBN 978-3-96533-420-5

Vorwort

»*Ihr bekommt ja später doch alles*« – mit solchen Sätzen wird eine Regelung zur Erbfolge gerne vom Tisch gewischt. Noch nicht einmal jeder fünfte Deutsche hat ein Testament verfasst. Die Folge sind Probleme, mit denen sich die Erben herumschlagen müssen, und häufig auch steuerliche Belastungen, die leicht hätten vermieden werden können. Wer Fehlplanungen vermeiden will, sollte Sie sich rechtzeitig mit der Vermögensübertragung im Todesfall befassen, sprich mit dem Zeitpunkt, den erbrechtlichen Möglichkeiten, den steuerlichen Rahmenbedingungen und seinen persönlichen Lebensumständen.

Es gibt kein Testament »von der Stange«. Jeder Fall liegt anders. Grundlage für die richtige Entscheidung sind immer die jeweiligen individuellen Lebensumstände und die persönlichen Wünsche. Im Vordergrund für das richtige Testament steht immer die jeweilige Interessenlage des Verfassers. Gleichwohl können für typische Vermögens- und Familienverhältnisse gängige Lösungen aufgezeigt, bewertet und Gestaltungsmodelle vorgestellt werden.

In diesem Buch werden zunächst die erbrechtlichen Gestaltungsmittel vorgestellt. Sie finden Musterformulierungen für die testamentarische Einsetzung von Erben, die Enterbung gesetzlicher Erben, die Anordnung der Vor- und Nacherbfolge, die Zuwendung von Vermächtnissen, die Erteilung von Auflagen, Teilungsanordnungen und -verbote und die Anordnung der Testamentsvollstreckung. Für Eheleute werden Musterformulierungen für ein gemeinschaftliches Testament angeboten. In diesem Zusammenhang wird auch dargestellt, wie die Nachteile des unter Eheleuten so beliebten »Berliner Testaments« durch individuelle Gestaltungen (z.B. Pflichtteils- oder Wiederverheiratungsklauseln) ausgeglichen werden können.

Für verschiedene Lebenssituationen und für besondere Interessenlagen werden konkrete Mustertestamente formuliert. Dabei wird in erster Linie berücksichtigt, welche Personen, in welchem Umfang und unter welchen Bedingungen der Erblasser wirtschaftlich versorgt wissen will. So wird der Erblasser in die Lage versetzt, unter Berücksichtigung seiner Interessen und Wünsche sein ganz persönliches Testament zu errichten, indem er Musterformulierungen übernehmen und seinen individuellen Lebensumständen anpassen kann.

Insgesamt will Sie der Erbschaftsassistent dabei begleiten, eine umfassende individuelle erbrechtliche Vorsorge zu treffen, und Hilfestellung bei der Formulierung Ihres Testaments leisten.

Dr. iur. Otto N. Bretzinger

Alle Formulare in diesem Ratgeber finden Sie auch zum **Download im Internet**.
Der Link zur Download-Seite befindet sich am Ende des Ratgebers.

Inhaltsverzeichnis

1 CHECKLISTEN FÜR DIE VORBEREITUNG DES TESTAMENTS 9
1.1 In acht Schritten zum Testament 9
1.2 Individuelle Entscheidungssituation 10
1.3 Vermögensverzeichnis 12
1.4 Rechtliche Rahmenbedingungen 13
1.5 Interessen und Wünsche 15
1.6 Gesetzliche Erbfolge 15

2 CHECKLISTEN FÜR DIE ERRICHTUNG DES TESTAMENTS 18
2.1 Zehn wichtige Regeln für das eigenhändige Testament 18
2.2 Gesetzliche Anforderungen an ein eigenhändiges Einzeltestament 19
2.3 Gesetzliche Anforderungen an ein gemeinschaftliches Testament von Eheleuten 20
2.4 Die häufigsten Fehler beim Testament 21

3 MUSTERFORMULIERUNGEN FÜR VERFÜGUNGEN IM EINZELTESTAMENT 23
3.1 Überblick über mögliche testamentarische Verfügungen 23
3.2 Einsetzung eines oder mehrerer Erben 24
3.2.1 Checkliste: Erbeinsetzung 24
3.2.2 Einsetzung eines Alleinerben 25
3.2.3 Einsetzung mehrerer Erben 26
3.2.4 Erbeinsetzung unter einer Bedingung 26
3.2.5 Einsetzung eines Ersatzerben 27
3.3 Anordnung der Vor- und Nacherbfolge 28
3.3.1 Checkliste: Vor- und Nacherbfolge 28
3.3.2 Inhalt der testamentarischen Anordnung 29
3.3.3 Befreiung des Vorerben von gesetzlichen Beschränkungen 30
3.4 Enterbung gesetzlicher Erben 31
3.4.1 Checkliste: Enterbung 31
3.4.2 Ausdrückliche Enterbung 31
3.4.3 Entziehung des Pflichtteils 32
3.5 Zuwendung einzelner Nachlassgegenstände (Vermächtnisse) 33
3.5.1 Checkliste: Vermächtnis 33
3.5.2 Gegenstände des Vermächtnisses 34
3.5.3 Absicherung der Erfüllung des Vermächtnisses 40
3.6 Anordnung von Verpflichtungen des Erben (Auflagen) 40
3.6.1 Checkliste: Auflage 40
3.6.2 Inhalt der Auflage 41
3.6.3 Absicherung der Erfüllung von Auflagen 43
3.7 Anordnungen für die Auseinandersetzung der Erbengemeinschaft (Teilungsanordnung) 44
3.7.1 Checkliste: Teilungsanordnung 44
3.7.2 Inhalt der Teilungsanordnung 45
3.7.3 Absicherung der Erfüllung der Teilungsanordnung 46

3.8 Ausschluss der Auseinandersetzung der Erbengemeinschaft (Teilungsverbot) ... 47
3.8.1 Checkliste: Teilungsverbot ... 47
3.8.2 Inhalt des Teilungsverbots ... 47
3.8.3 Absicherung des Teilungsverbots ... 48
3.9 Anordnung der Testamentsvollstreckung ... 49
3.9.1 Checkliste: Testamentsvollstreckung ... 49
3.9.2 Festlegung der Testamentsvollstreckung ... 50
3.9.3 Aufgabenbeschreibung ... 51
3.10 Familienrechtliche Anordnungen ... 52
3.10.1 Checkliste: Familienrechtliche Anordnungen ... 52
3.10.2 Verwaltungsanordnung des Erblassers ... 53
3.10.3 Beschränkung der elterlichen Vermögenssorge ... 54
3.10.4 Benennung eines Vormunds ... 54
3.11 Rechtswahlbestimmung ... 55

4 FORMULIERUNGSBEISPIELE FÜR VERFÜGUNGEN IM GEMEINSCHAFTLICHEN TESTAMENT VON EHELEUTEN ... 56
4.1 Überblick über mögliche testamentarische Verfügungen ... 56
4.2 Gegenseitige Erbeinsetzung der Ehegatten ohne Einsetzung von Schlusserben ... 57
4.3 Berliner Testament ... 58
4.3.1 Wechselseitige Erbeinsetzung und Einsetzung von Schlusserben ... 58
4.3.2 Änderungsvorbehalt im Berliner Testament ... 60
4.3.3 Pflichtteilsstrafklausel im Berliner Testament ... 61
4.3.4 Wiederverheiratungsklausel im Berliner Testament ... 62
4.3.5 Anfechtungsverzicht im Berliner Testament ... 63
4.4 Gegenseitige Erbeinsetzung als Vor- und Nacherben ... 63
4.4.1 Gemeinschaftliches Testament mit Vor- und Nacherbfolge ... 63
4.4.2 Gemeinschaftliches Testament mit Wiederverheiratungsklausel in Form der Vor- und Nacherbfolge ... 64

5 MUSTERTESTAMENTE FÜR VERSCHIEDENE LEBENSSITUATIONEN ... 66
5.1 Einzeltestament mit Erbeinsetzung der Geschwister, Einsetzung von Ersatzerben, mit Auflage und Vermächtnis ... 69
5.2 Einzeltestament mit Erbeinsetzung eines Geschwisterteils, Einsetzung von Ersatzerben und Enterbung eines Geschwisterteils ... 71
5.3 Einzeltestament mit Erbeinsetzung von ehelichen Kindern und Einsetzung von Ersatzerben, Enterbung eines nichtehelichen Kindes und Geldvermächtnis an nichteheliches Kind ... 72
5.4 Einzeltestament mit Erbeinsetzung von Kindern und Einsetzung von Ersatzerben, Enterbung eines Kindes mit Entziehung des Pflichtteils ... 73
5.5 Einzeltestament mit Erbeinsetzung der Kinder und Einsetzung von Ersatzerben, Teilungsanordnung und Anordnung der Testamentsvollstreckung ... 75
5.6 Einzeltestament mit Erbeinsetzung der Kinder und Einsetzung von Ersatzerben, Vorausvermächtnis für ein Kind ... 78
5.7 Einzeltestament mit Erbeinsetzung des nichtehelichen Lebenspartners und mit Bedingung des Bestehens der Lebensgemeinschaft zum Zeitpunkt des Erbfalls ... 79
5.8 Einzeltestament mit Erbeinsetzung der Geschwister und Einsetzung von Ersatzerben sowie einem Nießbrauchsvermächtnis zugunsten des nichtehelichen Lebenspartners ... 81

5.9 Einzeltestament mit Einsetzung des nichtehelichen Lebenspartners als Vorerbe und der Geschwister als Nacherben, ersatzweise deren Abkömmlinge 82

5.10 Einzeltestament mit Anordnung der Vor- und Nacherbfolge bei minderjährigem Kind mit Einsetzung von Ersatzerben und Entziehung des Vermögensverwaltungsrechts des geschiedenen Ehegatten 85

5.11 Einzeltestament mit Enterbung des getrennt lebenden Ehegatten 88

5.12 Gemeinschaftliches Testament der Eheleute ohne Einsetzung von Schlusserben, mit Einsetzung von Ersatzerben und mit Geldvermächtnis an Sportverein 89

5.13 Berliner Testament der Eheleute mit Erbeinsetzung der Kinder und Einsetzung von Ersatzerben, Teilungsanordnung und Anordnung der Testamentsvollstreckung 91

5.14 Berliner Testament der Eheleute mit Erbeinsetzung der Kinder und Einsetzung von Ersatzerben sowie Vorausvermächtnissen sowie Anordnung der Testamentsvollstreckung 95

5.15 Berliner Testament der Eheleute mit Erbeinsetzung der Kinder und Einsetzung von Ersatzerben und Möglichkeit der Enterbung eines Kindes durch den Längstlebenden bei Geltendmachung des Pflichtteils 97

5.16 Berliner Testament der Eheleute mit Erbeinsetzung der Kinder und Einsetzung von Ersatzerben sowie automatischer Enterbung eines Kindes bei Geltendmachung des Pflichtteils 99

5.17 Berliner Testament der Eheleute mit Erbeinsetzung der Kinder und Einsetzung von Ersatzerben sowie Enterbung eines Kindes 102

5.18 Gemeinschaftliches Testament der Eheleute mit Erbeinsetzung der Kinder und Einsetzung von Ersatzerben und Nießbrauchsvermächtnis zugunsten des längstlebenden Ehegatten 104

5.19 Berliner Testament der Eheleute mit Erbeinsetzung der Kinder und Einsetzung von Ersatzerben, Benennung eines Vormunds für minderjähriges Kind und Anordnung der Testamentsvollstreckung bis zum Erreichen eines bestimmten Lebensalters des Erben 106

5.20 Berliner Testament der Eheleute mit Erbeinsetzung der Kinder und Einsetzung von Ersatzerben, mit Teilungsverbot und Anordnung der Testamentsvollstreckung 109

5.21 Gemeinschaftliches Testament der Eheleute in Patchworkfamilie 112

5.22 Einzeltestament mit Einsetzung eines verschuldeten Kindes als Vorerbe und Anordnung der Testamentsvollstreckung 114

5.23 Gemeinschaftliches Testament der Eheleute mit Einsetzung eines behinderten Kindes als Vorerbe und Anordnung der Testamentsvollstreckung 116

5.24 Einzeltestament mit Erbeinsetzung und Auflage zur Sicherstellung der Versorgung eines Haustiers 120

5.25 Einzeltestament mit Erbeinsetzung und Einsetzung von Ersatzerben sowie Rechtswahlbestimmung bei Vermögen im EU-Ausland 122

1 Checklisten für die Vorbereitung des Testaments

Es gibt kein Testament »von der Stange«. Jeder Fall liegt anders. Grundlagen für die richtige Entscheidung sind immer die jeweiligen individuellen Lebensumstände und die persönlichen Wünsche des Erblassers. Im Vordergrund für das richtige Testament steht immer die jeweilige Interessenlage des Verfassers.

Zunächst sollten Sie Ihre momentanen persönlichen Lebensumstände und die finanziellen und rechtlichen Rahmenbedingungen festhalten und beurteilen. Es empfiehlt sich, auch bereits absehbare Veränderungen zu berücksichtigen. Im Vorfeld testamentarischer Verfügungen müssen Sie sich auch darüber klar werden, welche individuellen Wünsche und Interessen Sie mit der Übertragung Ihres Vermögens nach dem Tod verfolgen. Und nicht zuletzt müssen Sie entscheiden, ob überhaupt ein Testament notwendig ist, um Ihre Ziele zu erreichen, oder ob Sie darauf verzichten können, weil die gesetzliche Erbfolge bereits Ihren Interessen entspricht.

1.1 In acht Schritten zum Testament

Wenn Sie ein Testament errichten wollen, müssen Sie sich dafür ausreichend Zeit nehmen. Bereiten Sie Ihre Nachlassplanung sorgfältig und gründlich vor. Dabei können Sie in folgenden Schritten vorgehen:

Checkliste:
Schritt für Schritt zum Testament

Schritt 1 – Aktuelle Lebensumstände beachten

Machen Sie zunächst eine Bestandsaufnahme Ihrer aktuellen persönlichen Lebensumstände. Ihre familiären Verhältnisse sind im Zusammenhang mit Ihrer Nachlassplanung von besonderer Bedeutung (vgl. dazu 1.2).

Schritt 2 – Vermögensverzeichnis anlegen

Verschaffen Sie sich einen Überblick über Ihre aktuelle Vermögenssituation. Erstellen Sie ein aktuelles Vermögensverzeichnis und listen Sie darin alle Vermögenswerte auf (vgl. dazu 1.3).

Schritt 3 – Rechtliche Rahmenbedingungen beachten

Auf der Grundlage Ihrer Vermögensaufstellung sollten Sie die rechtlichen Rahmenbedingungen klären. Prüfen Sie insbesondere, ob und inwieweit Sie bereits rechtlich wirksame erbrechtliche Verfügungen getroffen haben und ob Sie in der Vergangenheit schon Vermögenswerte an einzelne Familienangehörige übertragen haben (vgl. dazu 1.4).

Schritt 4 – Ziele der Nachlassplanung festlegen

Befassen Sie sich mit Ihren Wünschen und Vorstellungen und legen Sie fest, wer Ihr Vermögen nach dem Tod erhalten soll. Stellen Sie klar, wen Sie in erster Linie versorgt wissen wollen. Sinnvoll kann es sein, dass Sie Ihre Vorstellungen und die vorgesehenen testamentarischen Verfügungen mit allen Beteiligten besprechen (vgl. dazu 1.5).

Schritt 5 – Gesetzliche Erbfolge überprüfen

Prüfen Sie, wer Ihre Erben wären, wenn Sie kein Testament errichten würden. Entspricht die gesetzliche Erbfolge Ihren Interessen, können Sie auf ein Testament verzichten (vgl. dazu 1.6).

Schritt 6 – Pflichtteilsansprüche berücksichtigen

Wenn Sie im Rahmen eines Testaments von der gesetzlichen Erbfolge abweichen wollen, müssen Sie berücksichtigen, dass nahe Angehörige unter Umständen Pflichtteilsrechte gegen die von Ihnen in Aussicht genommenen Erben geltend machen können.

Als Erblasser haben Sie zwar das Recht, nach Ihrem Belieben Anordnungen und Bestimmungen nach Ihrem Tod zu treffen. Im Falle der Enterbung steht allerdings Ihrem Ehegatten und Ihren nächsten Verwandten der sogenannte Pflichtteil als Mindestanteil an der Erbschaft zu. Pflichtteilsansprüche müssen bei der Errichtung des Testaments unbedingt berücksichtigt werden, weil die Erben später mit diesen Ansprüchen konfrontiert werden können.

Zu den pflichtteilsberechtigten Personen gehören nur der Ehegatte (bzw. der eingetragene Lebenspartner) und die nächsten Verwandten des Erblassers. Dazu gehören die Abkömmlinge des Erblassers (Kinder, Enkel, Urenkel), nichteheliche und adoptierte Kinder und dessen Eltern. Entferntere Verwandte (z.B. Geschwister) können keinen Pflichtteil verlangen.

Der Pflichtteil beträgt die Hälfte des gesetzlichen Erbteils. Es ist also zunächst der Erbteil zu ermitteln, mit welchem der Pflichtteilsberechtigte im Falle der gesetzlichen Erbfolge erbberechtigt wäre. Die Pflichtteilsquote entspricht dann der Hälfte des gesetzlichen Erbteils (vgl. dazu auch 1.6).

Schritt 7 – Testament verfassen

Bringen Sie Ihren »letzten Willen« handschriftlich zu Papier, unterzeichnen Sie Ihr Testament handschriftlich und geben Sie Ort und Datum an (vgl. dazu 2.).

Schritt 8 – Testament sicher verwahren

Stellen Sie sicher, dass Ihr Testament später aufgefunden und eröffnet werden kann.

Über die Aufbewahrung des eigenhändigen Testaments bestehen keine gesetzlichen Regelungen.

Das eigenhändige Testament kann an jedem beliebigen Ort aufbewahrt werden. Der Erblasser kann das Testament auch einer Person seines Vertrauens zur Aufbewahrung übergeben.

Es ist sinnvoll, das Testament in amtliche Verwahrung zu geben. Damit wird die Gefahr ausgeschlossen, dass das Testament verloren geht, verfälscht oder unterdrückt wird. Zuständig ist das Amtsgericht. Die amtliche Verwahrung kostet einmalig und pauschal 75,– €.

1.2 Individuelle Entscheidungssituation

Ihre persönlichen Lebensumstände sind von wesentlicher Bedeutung, wenn Sie durch ein Testament Ihr Vermögen nach dem Tod auf Ihre Erben übertragen wollen. Mit der nachfolgenden Checkliste können Sie eine Bestandsaufnahme Ihrer persönlichen Lebenssituation machen. Wenn Sie sich mit den verschiedenen Fragen befassen, wird Ihnen unter Umständen noch das eine oder andere Problem bewusst. Die Checkliste ist also zusammen mit Ihren Interessen und Wünschen (vgl. dazu 1.5) eine wichtige Grundlage für Ihre Nachlassplanung.

Mit den persönlichen Lebensumständen sollten Sie sich unabhängig davon befassen, ob Sie ein Testament errichten wollen. Auch wenn Sie auf ein Testament verzichten wollen, weil Sie mit der gesetzlichen Erbfolge einverstanden sind, kann es hilfreich sein, diese Entscheidung auf der Grundlage der nachfolgenden Checkliste zu hinterfragen.

**Checkliste:
Aktuelle Lebensumstände**

Haben Sie Ihren Wohnsitz in Deutschland?

Wenn Sie als Erblasser Ihren Wohnsitz nicht in Deutschland haben, ist zu prüfen, ob ausländisches Erbrecht auf Ihr Vermögen in Deutschland anzuwenden ist. In diesem Fall sollte unbedingt eine Beratung durch einen fachkundigen Anwalt erfolgen (vgl. dazu auch 5.25).

Wann steht der Ruhestand an?

Wenn Sie Vermögen im Wege der vorweggenommenen Erbfolge übertragen wollen (z.B. Schenkung des selbst genutzten Familienheims), sollten Sie bedenken, dass eine ausreichende wirtschaftliche Existenz auch dann gesichert ist, wenn Sie in den Ruhestand gehen.

Wollen Sie Ihr Vermögen an einen behinderten Familienangehörigen übertragen?

Vgl. dazu 5.22 und 5.23.

Sind Sie ledig, verheiratet oder geschieden oder leben Sie in einer nichtehelichen Lebensgemeinschaft?

Erbrechtlich von Bedeutung ist auch der Familienstand.

- Sind Sie ledig, sind Ihre Eltern und gegebenenfalls Ihre Geschwister kraft Gesetzes Erben. Enterben Sie Ihre Eltern, steht diesen der Pflichtteil zu (vgl. dazu auch 1.1).
- Wenn Sie verheiratet sind, sind Ihr Ehegatte und gegebenenfalls Ihre Kinder gesetzliche Erben. Diese können im Falle ihrer Enterbung Pflichtteilsansprüche geltend machen.
- Sind Sie geschieden, steht Ihrem früheren Ehegatten zwar kein gesetzliches Erbrecht mehr zu, er kann allerdings unter Umständen über gemeinsame Kinder mittelbar doch erben (vgl. dazu 5.10).
- Wollen Sie Ihren nichtehelichen Partner als Erbe einsetzen, sollten Sie beachten, dass diesem nur ein Erbschaftsteuerfreibetrag von 20.000,– € zusteht. Darüber hinausgehendes Vermögen wird mit einem hohen Steuersatz besteuert (vgl. dazu auch 1.3).

Wenn Sie verheiratet sind: In welchem Güterstand leben Sie mit Ihrem Ehegatten?

Bei Eheleuten ist der Güterstand, in dem die Eheleute leben (Zugewinngemeinschaft oder Gütertrennung), für die Höhe des gesetzlichen Erbteils von Bedeutung (vgl. dazu 1.6).

Ist Ihre Ehe harmonisch, besteht eine Ehekrise oder sogar der Wunsch nach Scheidung?

Bei einer Ehekrise ist eine gegenseitige Erbeinsetzung im Rahmen eines gemeinschaftlichen Testaments (auch in der Form des Berliner Testaments) wenig sinnvoll. Erst mit der Scheidung wird das Testament unwirksam. Im Falle der Trennung ist das gemeinschaftliche Testament nur dann unwirksam, wenn der Erblasser die Scheidung beantragt oder einem Scheidungsantrag zugestimmt hatte.

Sind Sie verwitwet?

Haben Sie mit Ihrem verstorbenen Ehegatten ein Berliner Testament errichtet, sind Sie an die getroffenen erbrechtlichen Verfügungen gebunden, wenn Sie beim Tod Ihres Ehegatten die Erbschaft nicht ausgeschlagen haben. Sie können in diesem Fall kein vom Berliner Testament abweichendes Testament errichten.

Sind Kinder, die Sie als Erben einsetzen wollen, noch minderjährig?

Sie können auch minderjährige Kinder als Erben einsetzen. In diesem Fall wird das geerbte Vermögen von den Eltern bzw. dem sorgeberechtigten Elternteil verwaltet.

Sie können in Ihrem Testament verfügen, dass die Eltern oder ein Elternteil das von Ihnen einem minderjährigen Kind zugewendete Vermögen nicht verwalten dürfen. Gleichzeitig können Sie die Person des Pflegers bestimmen, der für die Verwaltung des Vermögens zuständig sein soll (vgl. dazu 3.10.3).

Sind Familienangehörige, die Sie als Erbe einsetzen wollen, verschuldet?

Wenig Sinn macht es, Vermögen auf verschuldete Personen zu übertragen, wenn dann deren Gläubiger sofort auf dieses Vermögen zugreifen können (vgl. dazu 5.22 und 5.23).

Versteht sich Ihr Ehegatte mit den Kindern bzw. verstehen sich Ihre Kinder untereinander?

Wenn mehrere Familienangehörige erben, entsteht eine sogenannte Erbengemeinschaft. Dies ist bei Eheleuten mit Kindern der Fall, wenn gesetzliche Erbfolge gilt (vgl. dazu 1.6). Diese sollte also möglichst vermieden und ein Testament errichtet werden.

Wenn sich eine Erbengemeinschaft nicht vermeiden lässt, sollten im Testament für die Teilung des Nachlasses (vgl. dazu 3.7) und die Testamentsvollstreckung (vgl. dazu 3.9) entsprechende Anordnungen getroffen werden.

Haben Sie Vermögen im Ausland?

Vgl. dazu 5.25.

1.3 Vermögensverzeichnis

Bevor Sie sich Gedanken darüber machen, welches Vermögen Sie an wen übertragen, sollten Sie zunächst Ihre Vermögenssituation schriftlich festhalten. Das funktioniert am besten mit einem Vermögensverzeichnis, in dem Sie Ihre aktuellen Vermögenswerte und Verbindlichkeiten aufführen.

Wenn Sie verheiratet sind, sollten Sie jeweils ein Vermögensverzeichnis für jeden Ehepartner anlegen. Führen Sie darin auch jeweils auf, welche Vermögenswerte zu Beginn der Ehe vorhanden waren und welche während der Ehe erworben wurden.

Stand: ______________ *[Datum eintragen]*	**Ehemann** (Euro)	**Ehefrau** (Euro)
Vermögen		
Bargeld		
Guthaben auf Girokonten, Termin- und Festgeldkonten, Sparkonten, Sparverträgen, sonstigen Spareinlagen		
Wertpapiere		
Forderungen aus Versicherungsverträgen		
Forderungen aus Bausparverträgen		
Steuererstattungsansprüche		
Zahlungsansprüche aus Schadensfällen oder nicht erfüllten Verträgen		
Forderungen aus Darlehen		
Rechte und Ansprüche aus Erbschaften		
Rückständiges Arbeitseinkommen		
Aktien, Genussrechte und sonstige Beteiligungen an Kapitalgesellschaften (z. B. Aktiengesellschaft, Gesellschaft mit beschränkter Haftung)		
Beteiligungen an Personengesellschaften (z. B. offene Handelsgesellschaft, Kommanditgesellschaft, Gesellschaft bürgerlichen Rechts)		
Beteiligungen als stiller Gesellschafter		
Beteiligungen an Genossenschaften		
Grundvermögen (Grundstücke, Eigentumswohnungen, Erbbaurechte)		
Anteile an geschlossenen und offenen Immobilienfonds		
Kraftfahrzeuge		
Hausrat, sonstiges Mobiliar oder Wertgegenstände		
Rechte oder Ansprüche aus Urheber-, Patent- und Verlagsrechten		
Betriebsvermögen		
Sonstiges Vermögen		
Vermögen insgesamt		
Schulden		
Verbindlichkeiten auf Girokonten		
Langfristige Bankschulden		
Verbindlichkeiten aus Bausparverträgen		
Verbindlichkeiten aus Kaufverträgen		
Mietschulden		
Steuerschulden		
Rückständige Prämien aus Versicherungsverträgen		
Sonstige Verbindlichkeiten gegenüber Dritten		
Schulden insgesamt		
Nachlasswert (Vermögen ./. Schulden)		

Anmerkungen:

1. **Vermögen:**

   Beachten Sie, dass sich der Wert Ihres Gesamtvermögens und der Wert einzelner Vermögensgegenstände noch ändern können. Autos verlieren an Wert, Aktienwerte können sinken. Halten Sie Ihr Vermögensverzeichnis deswegen aktuell.

   Vermerken Sie in Ihrer Vermögensübersicht, ob und wann Sie bereits Ihrem Ehegatten oder Ihren Kindern Vermögen übertragen haben. Sogenannte lebzeitige Zuwendungen können erbrechtlich von Bedeutung sein, weil unter Umständen Schenkungen zu Lebzeiten bei Pflichtteilsansprüchen ausgeglichen werden müssen.

   Wenn Sie schon dabei sind, Ihr Vermögen und Ihre Verbindlichkeiten aufzulisten, ist es sinnvoll, gleichzeitig zu notieren, welche Unterlagen es dazu jeweils gibt und wo Sie diese verwahrt haben.

2. **Schulden:**

   Schulden des Erblassers verringern den Wert der Erbschaft und damit die steuerliche Belastung der Erben.

3. **Nachlasswert:**

   Zuwendungen im Wege der Erbfolge (z.B. Erbschaft, Vermächtnis) unterliegen grundsätzlich der Schenkung- und Erbschaftsteuer. Allerdings ist eine Reihe von Zuwendungen nicht steuerpflichtig. Ferner bestehen allgemeine Freibeträge, die nicht der Besteuerung unterliegen.

   Keine Steuer fällt auch an, wenn das Familienwohnheim nach dem Tod des Erblassers auf den überlebenden Ehegatten übergeht. Steuerlich begünstigt ist auch der Erwerb eines Familienwohnheims durch Kinder und Kinder vorverstorbener Kinder. Die Steuerbefreiung gilt nur, wenn die Wohnfläche 200 qm nicht übersteigt.

   Bei der Erbschaftsteuer bestehen allgemeine Freibeträge, die nicht der Besteuerung unterliegen. Die Höhe der Freibeträge hängt vom Verwandtschaftsverhältnis zwischen dem Erblasser und dem Erben ab. Beispielsweise haben Kinder des Erblassers einen Freibetrag von 400.000,– €, Enkel (wenn die Eltern noch leben) 200.000,– € und Eltern des Erblassers 100.000,– €. Der Ehegatte des Erblassers hat einen Freibetrag von 500.000,– €.

   Der Besteuerung unterliegt nur das geerbte Vermögen, das nach Abzug der Schulden und des Freibetrags übrig bleibt. Auf dieser Bemessungsgrundlage wird dann die Steuer nach einem bestimmten Prozentsatz erhoben. Die Steuersätze sind abhängig von den Steuerklassen und vom Wert des Nachlasses. Beispielsweise sind bis zu einem Wert von 75.000,– € in der Steuerklasse I (z.B. Ehegatte, Kinder, Eltern des Erblassers) 7 %, in der Steuerklasse II (z.B. Geschwister des Erblassers) 15 % und in der Steuerklasse III (z.B. nichtehelicher Lebenspartner des Erblassers) 30 % Steuer fällig.

1.4 Rechtliche Rahmenbedingungen

Auf der Grundlage Ihrer Vermögensaufstellung sollten Sie die rechtlichen Rahmenbedingungen klären. Prüfen Sie insbesondere, ob und inwieweit Sie bereits rechtlich wirksame erbrechtliche Verfügungen getroffen haben und ob Sie in der Vergangenheit bereits Vermögenswerte an einzelne Familienangehörige übertragen haben.

Checkliste:
Rechtliche Rahmenbedingungen

Haben Sie bereits ein Testament errichtet?

Prüfen Sie, ob Sie in der Vergangenheit bereits ein Testament errichtet haben. Ist dies der Fall, sollten Sie dieses in Ihrem neuen Testament widerrufen. Vermeiden Sie unbedingt widersprüchliche Anordnungen. Sicherheitshalber und vorsorglich sollten Sie in einem neuen Testament immer etwaige frühere testamentarische Verfügungen widerrufen (vgl. 5.1).

Bestehen rechtliche Bindungen durch ein gemeinschaftliches Testament mit dem Ehegatten?

Wenn Sie mit Ihrem Ehegatten zusammen ein gemeinschaftliches Testament errichtet haben, sind Sie daran grundsätzlich gebunden.

Haben Sie mit Ihrem verstorbenen Ehegatten ein Berliner Testament errichtet und darin Ihre Kinder als Schlusserben eingesetzt, sind Sie an diese Erbeinsetzung gebunden, wenn Sie beim Tod Ihres Ehegatten die Erbschaft nicht ausgeschlagen haben. Sie können in diesem Fall keine vom Berliner Testament abweichende Erbeinsetzung vornehmen.

Lebt Ihr Partner noch, können Sie Verfügungen im gemeinschaftlichen Testament nur durch eine Erklärung vor einem Notar widerrufen. Der Widerruf wird erst wirksam, wenn er dem anderen Ehegatten zugeht. Es ist also nicht möglich, dass hinter dem Rücken des anderen Ehegatten wechselbezügliche Verfügungen widerrufen werden. Der Widerruf einer gegenseitigen Verfügung (z.B. gegenseitige Erbeinsetzung) hat grundsätzlich die Unwirksamkeit der Verfügung des anderen Ehegatten zur Folge.

Bestehen rechtliche Verbindungen durch einen Erbvertrag?

Der Erblasser hat auch die Möglichkeit, erbrechtliche Verfügungen in Form eines Erbvertrags zu treffen. Im Gegensatz zu Verfügungen in einem Testament, die jederzeit widerrufen werden können, ist er bei vertraglichen Verfügungen im Erbvertrag an diese gebunden. Ein einseitiger Widerruf von vertragsmäßigen Verfügungen durch den Erblasser ist nicht zulässig. Deshalb sind auch testamentarische Verfügungen, die dem Erbvertrag widersprechen, unwirksam.

Haben Sie bereits in der Vergangenheit Vermögenswerte auf Ihre Familienangehörigen übertragen?

Wenn Sie bereits in der Vergangenheit Vermögenswerte auf Familienangehörige übertragen haben, kann das unter Umständen die Pflichtteilsansprüche des Ehegatten oder der Kinder erhöhen.

Welche Familienangehörigen würden im Wege der gesetzlichen Erbfolge erben, wenn Sie kein Testament errichten?

Vgl. dazu 1.6.

Welche Familienangehörigen könnten im Falle einer Enterbung Pflichtteilsansprüche geltend machen?

Vgl. dazu 1.1.

Bestehen Erb- und Pflichtteilsverzichtsverträge?

Der Erbe kann durch einen notariell beurkundeten Vertrag auf sein Erb- und Pflichtteilsrecht verzichten. Häufig werden entsprechende Verträge abgeschlossen, wenn auf Kinder im Wege der vorweggenommenen Erbfolge Vermögen übertragen wird. Prüfen Sie, ob solche Vereinbarungen bestehen. Ist dies der Fall, müssen Sie bei Ihrer Nachlassplanung nicht mehr auf Erb- und Pflichtteilsrechte Rücksicht nehmen.

Haben Sie eine Lebensversicherung? Wen haben Sie als Bezugsberechtigten genannt?

Weil das Kapital einer Lebensversicherung nicht in den Nachlass fällt, wenn Sie festgelegt haben, dass es an einen von Ihnen benannten Bezugsberechtigten auszuzahlen ist, sollten Sie prüfen, ob Sie die bezugsberechtigte Person darüber hinaus auch bei Ihrer Nachlassplanung noch berücksichtigen möchten.

1.5 Interessen und Wünsche

Bevor Sie ein Testament errichten, sollten Sie sich damit befassen, welche Interessen und Wünsche Sie damit verfolgen.

Checkliste: Interessen und Wünsche

Wen wollen Sie mit Ihren Verfügungen absichern – Ihren Ehegatten, Ihre Kinder oder andere Familienangehörige? Wem räumen Sie Priorität bei der finanziellen Versorgung ein?

Bei Eheleuten mit Kindern soll regelmäßig in erster Linie der überlebende Ehegatte abgesichert werden. Nach dem Tod des längerlebenden Partners soll dann das Vermögen an die Kinder übergehen. Für diesen Fall kommt die Errichtung eines Berliner Testaments in Betracht (vgl. dazu 4.3).

Wollen Sie einzelne Familienangehörige enterben?

Wenn Sie Ihren Ehegatten oder Ihre Kinder enterben wollen, sollten Sie bedenken, dass diesen Pflichtteilsansprüche zustehen (vgl. dazu 1.1).

Beachten Sie, dass beim Berliner Testament beim ersten Erbfall zwangsläufig die Kinder enterbt sind und Pflichtteilsansprüche gegen den überlebenden Elternteil geltend machen können. Dem kann unter Umständen mit einer sogenannten Pflichtteilsstrafklausel im Testament entgegengewirkt werden (vgl. dazu 4.3.3).

Kennen Sie die gesetzliche Erbfolge, wenn Sie auf ein Testament verzichten? Warum wollen Sie von der gesetzlichen Erbfolge abweichen?

Wenn Sie auf ein Testament verzichten wollen, weil die vom Gesetz vorgesehene Erbfolge Ihren Interessen und Wünschen entspricht, sollten Sie sich mit dieser gesetzlichen Erbfolge umfassend vertraut machen. Diese birgt nämlich so manche Überraschung. Außerdem entsteht in diesem Fall in der Regel zwangsläufig eine Erbengemeinschaft (vgl. dazu 1.6).

Wollen Sie im Rahmen Ihrer Nachlassplanung gewährleistet wissen, dass auch nach Ihrem Tod Ihre Vorstellungen berücksichtigt werden und dahin gehend Ihre Erben binden?

Bei einer Erbengemeinschaft können Sie durch eine sogenannte Teilungsanordnung (vgl. dazu 3.7) Einfluss auf die Verteilung des Nachlasses unter den Miterben nehmen. Durch Auflagen (vgl. dazu 3.6) können Sie Ihren Erben Verpflichtungen auferlegen. Und durch die Anordnung einer Testamentsvollstreckung (vgl. dazu 3.9) können Sie sicherstellen, dass Ihre Verfügungen tatsächlich umgesetzt werden.

Sind für Sie auch steuerliche Gesichtspunkte von Bedeutung?

Steuerliche Erwägungen sollten bei der Nachlassplanung zwar eine Rolle spielen, aber nicht zentraler Beweggrund sein. Denn in den meisten Fällen dürfte die Erbschaftsteuer wegen der hohen Freibeträge für den Ehegatten und die Kinder ohnehin keine nennenswerte Bedeutung haben (vgl. dazu 1.3).

Sinnvoll kann allerdings eine steuerliche Beratung bei Erbfällen mit Auslandsberührung sein. Das ist insbesondere der Fall, wenn ein deutscher Staatsangehöriger Grundbesitz im Ausland hat oder im Ausland seinen Wohnsitz hat und verstirbt.

1.6 Gesetzliche Erbfolge

Man darf sicher nicht davon ausgehen, dass alle diejenigen, die kein Testament errichten, ihr Vermögen über die gesetzliche Erbfolge weitergeben wollen. In vielen Fällen machen sich nämlich Erblasser falsche Vorstellungen darüber, welche Verwandten kraft Gesetzes als Erben berufen sind. Und das führt dann zwangsläufig zu einer falschen, oft sogar zu einer verhängnisvollen Nachlassplanung. Denn nicht selten widerspricht die gesetzliche Erbfolge den Vorstellungen des Erblassers. Um also Ihr Vermögen nach Ihrem Tod in die richtige Richtung zu lenken, müssen Sie in Grundzügen das gesetzliche Erbrecht kennen und dann auf dieser Grundlage entscheiden, ob diese Ihren Interessen entspricht, oder ob Sie ein Testament errichten und darin nach Ihren individuellen Wünschen Ihr Vermögen verteilen wollen.

Checkliste: Gesetzliche Erbfolge

Gesetzliche Erbfolge kann aus mehreren Gründen eintreten. Sie gilt insbesondere, wenn

- Sie kein Testament errichtet haben,
- eine erfolgte Erbeinsetzung unwirksam ist (z.B. weil das errichtete Testament wegen Formmangels nichtig ist),
- Ihr Testament nur einen Teil Ihres Vermögens-Nachlasses erfasst oder
- der durch Ihr Testament eingesetzte Erbe die Erbschaft ausschlägt.

Erbrecht der Verwandten

Um die Reihenfolge zu bestimmen, in der Verwandte beim Erben zum Zuge kommen sollen, sieht das Gesetz fünf Ordnungen vor. Maßgebend, welcher Ordnung der jeweilige Verwandte angehört, ist der Verwandtschaftsgrad.

Jeder Angehörige einer vorhergehenden Ordnung schließt alle Verwandten der späteren Ordnungen aus; ein Verwandter erbt also im Wege der gesetzlichen Erbfolge nicht, solange ein Verwandter einer vorhergehenden Ordnung vorhanden ist. Beispielsweise schließen Kinder des Erblassers dessen Eltern von der gesetzlichen Erbfolge aus.

Stirbt der Erbe der vorhergehenden Ordnung nach dem Erbfall, so war er schon Erbe geworden und vererbt den Nachlass weiter an seine eigenen Erben.

Ist der Erblasser verheiratet, so gewährleistet die gesetzliche Erbfolge dem überlebenden Ehegatten einen bestimmten Erbteil. Dessen Höhe hängt davon ab, ob und welche Verwandte des Erblassers erben und in welchem Güterstand die Eheleute gelebt haben.

Erbrecht der Kinder – Erben erster Ordnung

- Unter den Verwandten erben die Kinder des Erblassers an erster Stelle.
- Hinterlässt der Erblasser mehrere Kinder, so erben diese zu gleichen Teilen.
- Leben außer den Kindern bereits weitere Abkömmlinge (z.B. Enkel, Urenkel), so erben nur die Kinder, nicht die Enkel des Erblassers.
- Lebt ein Kind nicht mehr, so erben dessen Abkömmlinge, also die Enkel des Erblassers.

Erbrecht der Eltern und Geschwister – Erben zweiter Ordnung

- Die Eltern des Erblassers erben, wenn keine Erben der ersten Ordnung vorhanden sind.
- Leben zur Zeit des Erbfalls beide Eltern, so erben sie allein und zu gleichen Teilen.
- Lebt ein Elternteil nicht mehr, so treten an seine Stelle dessen Abkömmlinge (z.B. Geschwister des Erblassers). Sind keine Abkömmlinge vorhanden, so erbt der überlebende Elternteil allein.
- Sind beide Eltern bereits verstorben, so erben deren Abkömmlinge (z.B. Geschwister, Nichten, Neffen des Erblassers).

Erbrecht der Großeltern, Onkel, Tante usw. – Erben dritter Ordnung

- Leben zur Zeit des Erbfalls weder Erben der ersten noch der zweiten Ordnung, so kommen die Großeltern des Erblassers und deren Abkömmlinge zum Zuge.
- Leben zur Zeit des Erbfalls die Großeltern väter- und mütterlicherseits, so erben sie allein und zu gleichen Teilen.
- Lebt zur Zeit des Erbfalls von einem Großelternpaar der Großvater oder die Großmutter nicht mehr, so treten an die Stelle des Verstorbenen dessen Abkömmlinge (Tanten, Onkel). Sind keine Abkömmlinge vorhanden, so fällt der Anteil des Verstorbenen dem anderen Teil des Großelternpaars, und wenn dieser nicht mehr lebt, dessen Abkömmlingen zu.
- Lebt zur Zeit des Erbfalls ein Großelternpaar nicht mehr und haben die Verstorbenen keine Abkömmlinge, so erben die anderen Großeltern und deren Abkömmlinge allein.

Erbrecht des Ehegatten neben Verwandten bei Zugewinngemeinschaft

Sofern die Eheleute durch einen Ehevertrag nichts anderes vereinbart haben, leben sie im gesetzlichen Güterstand der Zugewinngemeinschaft.

Wird der Güterstand durch den Tod eines Ehegatten beendet, so wird der Ausgleich des Zugewinns dadurch verwirklicht, dass sich der gesetzliche Erbteil des Ehegatten pauschal um 1/4 der Erbschaft erhöht.

Dem geschiedenen Ehegatten steht kein Erbrecht zu. Das Erbrecht des Ehegatten ist auch dann ausgeschlossen, wenn zur Zeit des Todes des Erblassers die gesetzlichen Voraussetzungen für die Scheidung gegeben waren und der Erblasser die Scheidung beantragt oder ihr zugestimmt hatte.

- Neben Abkömmlingen (Kinder, Enkel, Urenkel) erbt der Ehegatte die Hälfte (1/4 Erbteil + 1/4 Zugewinnausgleich).
- Neben Verwandten der zweiten Ordnung (Eltern, Geschwister, Neffen, Nichten) oder neben Großeltern erbt der Ehegatte drei Viertel (1/2 Erbteil + 1/4 Zugewinnausgleich).
- Sind weder Erben der ersten oder zweiten Ordnung noch Großeltern vorhanden, so erbt der Ehegatte allein.

Erbrecht des Ehegatten neben Verwandten bei Gütertrennung

Gütertrennung kann zwischen Eheleuten ausdrücklich durch einen Ehevertrag vereinbart werden. Sie tritt automatisch aber auch dann ein, wenn die Eheleute den gesetzlichen Güterstand der Zugewinngemeinschaft ehevertraglich ausgeschlossen oder aufgehoben haben, ohne einen anderen Güterstand zu vereinbaren, oder wenn der Ausgleich des Zugewinns ausgeschlossen wurde.

Dem geschiedenen Ehegatten steht kein Erbrecht zu (vgl. dazu oben).

- Neben Abkömmlingen (Kinder, Enkel, Urenkel) erbt der Ehegatte 1/4.
- Besonderheiten bei Kindern: Erben neben dem überlebenden Ehegatten ein oder zwei Kinder des Erblassers als gesetzliche Erben, so erben der überlebende Ehegatte und jedes Kind zu gleichen Teilen. Neben einem Kind erbt also der Ehegatte die Hälfte, neben zwei Kindern 1/3. Neben drei und mehr Kindern erbt der überlebende Ehegatte immer 1/4, die Kinder teilen sich dann 3/4 des Nachlasses.
- Neben Verwandten der zweiten Ordnung (Eltern, Geschwister, Neffen, Nichten) oder neben Großeltern erbt der Ehegatte die Hälfte.
- Sind weder Erben der ersten oder zweiten Ordnung noch Großeltern vorhanden, so erbt der Ehegatte allein.

2 Checklisten für die Errichtung des Testaments

Wenn Sie von der gesetzlichen Erbfolge abweichen wollen, müssen Sie ein Testament verfassen. Eheleute können ein gemeinschaftliches Testament errichten. Voraussetzung für die Wirksamkeit des Testaments ist, dass der Erblasser testierfähig ist. Ferner muss das Testament bestimmten formalen Anforderungen entsprechen. Andernfalls sind Ihre Anordnungen unwirksam.

2.1 Zehn wichtige Regeln für das eigenhändige Testament

Testierfähigkeit

Wenn Sie ein eigenhändiges Testament errichten wollen, müssen Sie volljährig und voll geschäftsfähig sein. Wenn Zweifel an der Geschäftsfähigkeit des Erblassers bestehen, empfiehlt es sich, ein notarielles Testament zu errichten.

Testierfreiheit

Grundsätzlich können Sie nach Ihrem Belieben Anordnungen und Bestimmungen über Ihr Vermögen nach dem Tod treffen. Beschränkt wird diese Testierfreiheit durch das Pflichtteilsrecht, mit dem das Gesetz den nächsten Familienangehörigen einen Mindestanteil am hinterlassenen Vermögen garantiert.

Einzeltestament

Das eigenhändige Testament kann ohne Einschaltung eines Notars durch eine eigenhändig geschriebene und unterschriebene Erklärung errichtet werden.

Gemeinschaftliches Testament

Eheleute und eingetragene Lebenspartner können ein gemeinschaftliches Testament errichten. Das Besondere dabei ist, dass in diesem Testament Verfügungen sowohl für den Tod des einen als auch für den des anderen Partners getroffen werden können, die einseitig und ohne Kenntnis des Partners nicht geändert oder aufgehoben werden können.

Berliner Testament

Mit dem sogenannten Berliner Testament können sich beide Ehegatten wechselseitig zu Erben einsetzen und verfügen, dass nach dem Tod des zuletzt versterbenden Ehegatten der beiderseitige Nachlass an einen Dritten, meist die Kinder, fallen soll. Somit wird nicht nur die Erbfolge unter den Eheleuten geregelt, sondern auch ein zweiter Erbgang, nämlich die Erbfolge des überlebenden Ehegatten.

Verfügungen im Testament

In Ihrem Testament können Sie nicht nur bestimmen, wer Ihre Erben werden, Sie können auch festlegen, wer ersatzweise Erbe wird, ob eine Vor- oder Nacherbschaft eintritt, ob ein Testamentsvollstrecker eingesetzt wird oder wie der Nachlass unter mehreren Erben verteilt werden darf. Darüber hinaus können Sie verfügen, ob bestimmten Personen ein Vermächtnis zustehen soll und ob den Erben bestimmte Verpflichtungen auferlegt werden sollen.

Aufbewahrung des Testaments

Ihr eigenhändiges Testament können Sie an jedem beliebigen Ort aufbewahren. Sie können es auch gegen eine Gebühr beim Nachlassgericht abgeben.

Änderung des Testaments

Ihr einmal errichtetes Testament können Sie jederzeit nachträglich ändern. Gründe dafür müssen Sie nicht angeben. Beachten Sie, dass etwaige Änderungen und Zusätze handschriftlich erfolgen müssen.

Widerruf des Testaments

Ihr Testament können Sie jederzeit ganz oder teilweise widerrufen. Am einfachsten ist der Widerruf, wenn Sie die Testamentsurkunde vernichten. Geht das Testament verloren, bedeutet das nicht zwangsläufig, dass es unwirksam wird. Das Testament bleibt wirksam, wenn mit dem Verlust nicht die Absicht verbunden ist, dass es seine Gültigkeit verliert.

Besonderheiten sind zu beachten, wenn ein Ehegatte wechselbezügliche Verfügungen in einem gemeinschaftlichen Testament widerrufen will.

Erbschaftsteuer

Wenn Sie durch erbrechtliche Gestaltungen Erbschaftsteuer sparen wollen, sollten Sie sich in jedem Fall von einem Steuerberater oder einem fachkundigen Anwalt beraten lassen.

2.2 Gesetzliche Anforderungen an ein eigenhändiges Einzeltestament

Das Einzeltestament ist die gebräuchlichste Form des Testaments. Hierbei kann der Erblasser sein Erbe schriftlich regeln und seine Erbfolge und weitere erbrechtliche Regelungen treffen. Voraussetzung für die Wirksamkeit des Einzeltestaments ist, dass der Erblasser testierfähig ist und das Testament den gesetzlichen Anforderungen entspricht. Andernfalls ist es unwirksam und entfaltet keine rechtlichen Folgen.

Checkliste: Gesetzliche Anforderungen an das Einzeltestament

Der Erblasser muss testierfähig sein

Wer ein Testament errichten will, muss volljährig sein und es darf keine krankhafte Störung der Geistestätigkeit, Geistesschwäche oder Bewusstseinsstörung vorliegen.

Das Testament muss eigenhändig geschrieben sein

Das Testament ist nur wirksam, wenn Sie den Text Ihres Testaments eigenhändig schreiben. Sie müssen also den Text von der ersten bis zur letzten Zeile mit der Hand schreiben. Ein mit der Schreibmaschine oder mithilfe eines Computers geschriebener Text erfüllt nicht die gesetzlichen Anforderungen und ist unwirksam.

Das Testament muss eigenhändig unterschrieben sein

Ihr Testament müssen Sie eigenhändig unterschreiben. Ihre Unterschrift soll Ihren Vornamen und Familiennamen enthalten.

Das Testament soll mit Ort und Datum der Errichtung versehen werden

Sie sollen Ihr Testament mit Orts- und Datumsangabe (Tag, Monat, Jahr) versehen. Fehlen diese Angaben, ist Ihr Testament allerdings nicht zwangsläufig unwirksam. Sinnvoll ist es aber in jedem Fall, das Datum anzugeben. Wenn Sie nämlich mehrere sich widersprechende Testamente errichtet haben, kann fraglich sein, welches Testament Ihr aktuelles ist.

Änderungen des Testaments müssen formgerecht vorgenommen werden

Sie können Ihr Testament jederzeit nachträglich ändern, indem Sie einzelne Verfügungen durchstreichen und ggf. durch neue ersetzen.

- Nachträge oberhalb der Unterschrift sind im Regelfall von der früheren Unterschrift gedeckt.
- Nachträge unterhalb der Unterschrift müssen Sie gesondert unterschreiben, ebenso Änderungen und Ergänzungen auf einem anderen Blatt.

Das Testament sollte sicher verwahrt werden

Vgl. dazu 1.1.

Das Testament kann jederzeit widerrufen oder vernichtet werden

Sie können Ihr Testament jederzeit widerrufen.

Der Widerruf kann in der Form erfolgen, dass Sie die Testamentsurkunde ändern oder vernichten.

Sie können auch ein sogenanntes Widerrufstestament errichten, das sich inhaltlich darauf beschränkt, Ihr früheres Testament zu widerrufen.

Verfügungen in Ihrem Testament können Sie auch in der Weise widerrufen, dass Sie in einem späteren Testament andere Verfügungen als in Ihrem früheren Testament treffen. In diesem Fall gelten ausschließlich Ihre späteren Anordnungen.

2.3 Gesetzliche Anforderungen an ein gemeinschaftliches Testament von Eheleuten

Für Ehegatten sieht das Gesetz eine Testamentsform vor, die deren besondere Interessen berücksichtigt: das gemeinschaftliche Testament. Das Besondere an diesem Testament ist, dass darin Verfügungen sowohl für den Tod des einen wie auch für den Tod des anderen Ehegatten getroffen werden können, die, wenn sie im Hinblick darauf getroffen wurden, dass auch der andere Ehegatte eine entsprechende Verfügung vorgenommen hat (sogenannte wechselbezügliche Verfügungen), nicht ohne Weiteres geändert oder aufgehoben werden können.

Voraussetzung für die Wirksamkeit des gemeinschaftlichen Testaments ist, dass beide Ehegatten testierfähig sind und das Testament den gesetzlichen Anforderungen entspricht. Andernfalls ist es unwirksam und entfaltet keine rechtlichen Folgen. Besondere Anforderungen sind bei der Änderung bzw. beim Widerruf des gemeinschaftlichen Testaments zu berücksichtigen.

Checkliste: Gesetzliche Anforderungen an das gemeinschaftliche Testament

Die Eheleute müssen testierfähig sein

Bei einem gemeinschaftlichen Testament müssen beide Eheleute testierfähig sein. Beide Partner müssen also volljährig und voll geschäftsfähig sein (vgl. dazu 2.2).

Das Testament muss eigenhändig geschrieben sein

Das gemeinschaftliche Testament muss nur von einem Ehegatten eigenhändig geschrieben sein (vgl. dazu auch 2.2).

Beide Ehegatten müssen das Testament eigenhändig unterschreiben

Beide Ehegatten müssen das Testament unterschreiben. Aus Beweisgründen kann es sinnvoll sein, dass der zweite Ehegatte einen kurzen Zusatz verfasst (z.B. »Das ist auch mein letzter Wille«) und damit nochmals seine Zustimmung zum Ausdruck bringt (vgl. dazu auch 2.2).

Das Testament soll mit Ort und Datum der Errichtung versehen werden

Vgl. dazu 2.2.

Änderungen des Testaments müssen formgerecht vorgenommen werden

Soweit Änderungen nochmals unterschrieben werden müssen, müssen beide Ehegatten die Änderung unterzeichnen (vgl. dazu 2.2).

Das Testament sollte sicher verwahrt werden

Vgl. dazu 1.1.

Ein Ehegatte kann zu Lebzeiten des anderen Ehegatten das Testament durch eine von einem Notar beurkundete Erklärung widerrufen

Wechselseitige Verfügungen (z.B. gegenseitige Erbeinsetzung) können die Eheleute jederzeit einvernehmlich widerrufen (vgl. dazu 2.2).

Ein einseitiger Widerruf einer wechselbezüglichen Verfügung kann nur durch von einem Notar beurkundete Erklärung gegenüber dem anderen Ehegatten erfolgen.

Die Widerrufserklärung wird erst wirksam, wenn sie dem anderen Ehegatten zugegangen ist.

Nach dem Tod des Ehegatten kann das Testament grundsätzlich nicht mehr widerrufen werden

Das Widerrufsrecht einer wechselbezüglichen Verfügung erlischt mit dem Tod des anderen Ehegatten. In diesem Fall kann die Verfügung nur dann aufgehoben werden, wenn der überlebende Ehegatte die Erbschaft ausschlägt.

2.4 Die häufigsten Fehler beim Testament

Folgende Fehler sollten Sie unbedingt vermeiden, wenn Sie Ihr eigenhändiges Testament errichten:

Gesetzliche Erbfolge wird falsch eingeschätzt

Machen Sie sich unbedingt mit den Grundsätzen der gesetzlichen Erbfolge vertraut. Nicht selten wird nämlich von der Errichtung eines Testaments abgesehen, weil die gesetzliche Erbfolge falsch eingeschätzt wird.

Beispielsweise gehen kinderlose Ehepaare häufig davon aus, dass der überlebende Ehepartner Alleinerbe wird. Dem ist aber nicht so. Es entsteht vielmehr eine Erbengemeinschaft mit den Eltern des Erblassers bzw. mit dessen Geschwistern (vgl. dazu 1.6).

Vernunft der Erben wird überschätzt

»Unsere Kinder verstehen sich gut. Mit der Erbschaft gibt es später einmal keine Probleme.« Wenn Sie sich da mal nicht täuschen. Kaum etwas entzweit Familien so, wie der Streit ums Erbe. Wenn Sie Ihren Hinterbliebenen einen Gefallen tun wollen, sollten Sie Ihren Nachlass so genau wie möglich regeln.

Testament wird zu spät errichtet

Gehen Sie nicht wegen der statistischen Lebenserwartung davon aus, dass noch ausreichend Zeit für die Errichtung eines Testaments besteht. Schieben Sie also die Angelegenheit nicht deshalb auf die lange Bank, weil Sie noch jung und gesund sind. Beachten Sie, dass unter Umständen auch ein Unfall oder ein Schlaganfall Sie wegen Testierunfähigkeit daran hindern kann, noch ein wirksames Testament zu verfassen.

Bindung an frühere erbrechtliche Verfügungen wird nicht beachtet

Wenn Sie mit Ihrem Ehepartner ein gemeinschaftliches Testament mit wechselbezüglichen Verfügungen (z.B. gegenseitige Erbeinsetzung) errichtet haben, können Sie nicht einfach in einem neuen Testament andere Verfügungen treffen. Anordnungen, die den wechselbezüglichen Verfügungen des gemeinschaftlichen Testaments widersprechen, sind unwirksam. Prüfen Sie also, ob Sie an ein altes Testament gebunden sind bzw. wie Sie entsprechende Verfügungen widerrufen können (vgl. dazu 1.4).

Es werden einzelne Gegenstände »vererbt«

Die testamentarische Erbeinsetzung muss sich entweder auf den gesamten Nachlass oder auf einen Bruchteil (z.B. die Hälfte oder ein Viertel) beziehen. Einzelne Gegenstände können nicht vererbt, sondern nur im Rahmen eines Vermächtnisses zugewendet werden.

Sie können keine Erbeinsetzung vornehmen, indem Sie Ihren »Erben« einzelne Gegenstände zuwenden. Sie müssen einen Erben bestimmen, der Ihre Gesamtrechtsnachfolge antritt, der also in Ihre »rechtlichen Fußstapfen« tritt und auch für Ihre Verbindlichkeiten haftet. Die gegenständliche Erbeinsetzung ist nicht zulässig.

Haben Sie in Ihrem Testament nur einzelne Gegenstände zugewendet, so handelt es sich dabei um Vermächtnisse (vgl. dazu 3.5), nicht aber um eine Erbeinsetzung. In diesem Fall gilt für den Rest Ihres Vermögens gesetzliche Erbfolge (vgl. dazu 1.6).

Enterbung der Kinder beim Berliner Testament wird nicht berücksichtigt

Ehepaare entscheiden sich häufig für das Berliner Testament, in dem sie sich gegenseitig als Alleinerben und ihre Kinder als Schlusserben einsetzen. Beachten Sie aber, dass die Kinder beim ersten Erbfall enterbt sind und Pflichtteilsrechte gegen den überlebenden Ehegatten geltend machen können. Ferner ist der überlebende Ehepartner an das gemeinsame Testament gebunden und kann auf geänderte Lebensumstände nicht mehr reagieren (vgl. dazu 1.5 und 4.3).

Gesetzlich vorgeschriebene Form wird nicht eingehalten

Wird ein eigenhändiges Testament nicht handschriftlich verfasst und eigenhändig unterschrieben, ist es unwirksam. Auch bei Änderungen des Testaments müssen die gesetzlichen Formvorschriften eingehalten werden. Die Änderungen und Zusätze müssen also eigenhändig geschrieben sein. Und Änderungen unterhalb der Unterschrift müssen gesondert unterzeichnet werden (vgl. dazu 2.2 und 2.3).

Es wird kein Ersatzerbe bestimmt

Wer vor dem Erblasser stirbt, kann diesen nicht beerben. Der zunächst eingesetzte Erbe kann aus verschiedenen Gründen wegfallen (z.B. vor dem Erbfall versterben oder die Erbschaft ausschlagen). Für diese Fälle sollte vom Erblasser ein Ersatzerbe bestimmt werden (vgl. dazu 3.2.5).

Pflichtteilsansprüche werden nicht beachtet

Nahen Angehörigen des Erblassers und dem Ehegatten steht der Pflichtteil als Mindestbeteiligung am Nachlass zu. Wenn diese Ansprüche nicht berücksichtigt werden, können die Erben, gegen die der Geldanspruch geltend gemacht werden kann, in finanzielle Schwierigkeiten kommen (z.B. wenn der Nachlass im Wesentlichen aus einer Immobilie besteht; vgl. dazu 1.1).

Testament ist nicht auffindbar

Achten Sie unbedingt darauf, dass Ihre Erben auf Ihr Testament zum Zeitpunkt des Erbfalls schnell und unkompliziert zugreifen können. Sinnvoll ist es, wenn Sie auf Nummer sicher gehen und Ihr Testament in amtliche Verwahrung beim Nachlassgericht geben (vgl. dazu 1.1).

Testament ist nicht mehr aktuell

Sinnvoll ist es, Ihre einmal getroffenen Verfügungen im Testament in regelmäßigen Abständen daraufhin zu überprüfen, ob sich an Ihren Wünschen etwas geändert hat. Insbesondere bei wesentlichen Änderungen Ihrer Lebensumstände sollte die letztwillige Verfügung schnellstmöglich aktualisiert werden.

3 Musterformulierungen für Verfügungen im Einzeltestament

Im Folgenden geht es darum, Ihre Nachlassplanung in ein Testament umzusetzen. In der Praxis beschränken sich testamentarische Anordnungen im Wesentlichen auf die Einsetzung von Erben, die Festlegung von Erbteilen, wenn mehrere Erben eingesetzt werden, oder die Enterbung gesetzlicher Erben.

Es steht Ihnen allerdings nicht nur frei, von der gesetzlichen Erbfolge in der Weise abzuweichen, dass Sie andere Personen zu Ihren Erben bestimmen, Sie können darüber hinaus weitere Verfügungen treffen und Ihren »letzten Willen« zum Ausdruck bringen. Dafür stellt Ihnen das Erbrecht eine ganze Palette von inhaltlich verschiedenen erbrechtlichen Anordnungen zur Verfügung. Diese verschiedenen Verfügungen dienen letztlich dazu, Ihre Interessen und Wünsche für Ihre Erbfolge festzulegen. Maßgebend dafür, auf welche Verfügungen Sie in Ihrem Testament letztendlich zurückgreifen, sind Ihre Wünsche und Vorstellungen für die Verteilung Ihres Vermögens nach dem Tod.

3.1 Überblick über mögliche testamentarische Verfügungen

Mit folgenden erbrechtlichen Verfügungen können Sie im Testament Ihre Wünsche und Vorstellungen für die Erbfolge umsetzen:

Erbeinsetzung

Sie können in Ihrem Testament einen Alleinerben einsetzen oder mehrere Erben bestimmen. Wenn mehrere Erben eingesetzt werden, muss sich die Erbeinsetzung auf einen Bruchteil am Nachlass beziehen. Einzelne Gegenstände können nicht »vererbt« werden (vgl. dazu 3.2).

Anordnung der Vor- und Nacherbfolge

Sie können einen Erben auch in der Weise einsetzen, dass dieser erst Erbe wird, nachdem ein anderer Erbe geworden ist. Der eingesetzte Vorerbe wird zunächst Erbe des Erblassers, aber nur für eine bestimmte Zeit (vgl. dazu 3.3).

Enterbung gesetzlicher Erben

Sie können die vom Gesetz vorgesehenen Erben ohne Weiteres enterben. Die Enterbung des Ehegatten und naher Verwandter hat zur Folge, dass diese den Pflichtteil geltend machen können (vgl. dazu 3.4).

Zuwendung eines Vermächtnisses

Mit einem Vermächtnis können Sie einer Person einen Vermögensvorteil zuwenden, ohne dass diese Erbe ist. Die begünstigte Person wird mit dem Eintritt des Erbfalls nicht automatisch Eigentümer des vermachten Gegenstands, sondern erwirbt lediglich einen Anspruch gegen den Erben auf Erfüllung des Vermächtnisses (vgl. dazu 3.5).

Auflagen

Mit einer Auflage können Sie Ihre Erben zu einer Leistung an Dritte oder zu einem bestimmten Tun oder Unterlassen verpflichten. Wird durch die Auflage eine Person begünstigt, hat sie im Gegensatz zum Vermächtnis keinen Anspruch auf die Leistung (vgl. dazu 3.6).

Teilungsanordnung

Setzen Sie testamentarisch mehrere Personen als Erben ein, können Sie verfügen, wie die Erben die einzelnen Vermögensgegenstände untereinander aufteilen müssen. Die Teilungsanordnung ändert aber nichts an den Bruchteilen, zu denen ein Miterbe am Nachlass beteiligt ist (vgl. dazu 3.7).

Teilungsverbot

Durch Anordnung eines Teilungsverbots können Sie die Auseinandersetzung der Erbengemeinschaft, also die Verteilung einzelner Nachlassgegenstände unter den Miterben, verhindern (vgl. dazu 3.8).

Anordnung der Testamentsvollstreckung

Mit der Anordnung der Testamentsvollstreckung können Sie sicherstellen, dass Ihr letzter Wille auch tatsächlich vollzogen wird (vgl. dazu 3.9).

Familienrechtliche Anordnungen

Mit einer Sorgerechtsverfügung haben Sie es in der Hand zu bestimmen, wer sich um Ihr minderjähriges Kind im Falle Ihres Todes kümmern soll. Und in Ihrem Testament können Sie die Vermögenssorge der Eltern für Vermögen, das Sie einem minderjährigen Kind im Wege der Erbfolge zugewendet haben, beschränken oder diese sogar ganz entziehen (vgl. dazu 3.10).

Rechtswahlbestimmung

Die gesamte Rechtsnachfolge von Todes wegen richtet sich nach dem Recht des Staates, in dem der Erblasser zum Zeitpunkt seines Todes seinen gewöhnlichen Aufenthalt hatte. Der Erblasser kann allerdings testamentarisch bestimmen, dass sein Vermögen nach seinem Tod nach dem Erbrecht des Staats vererbt wird, dessen Staatsangehörigkeit er besitzt (vgl. dazu 3.11).

3.2 Einsetzung eines oder mehrerer Erben

Sie können durch ein Testament bestimmen, wer Ihre Erben werden. Diese Entscheidung steht in Ihrem Belieben: Sie können Ihre gesetzlichen Erben (vgl. dazu 1.6) oder andere Personen als Erben einsetzen. Sie können auch für Ihre gesetzlichen Erben andere als die gesetzlich vorgesehenen Erbteile festlegen. Ihre Entscheidung müssen Sie nicht begründen. Die Erbeinsetzung kann auch mit der Maßgabe erfolgen, dass der Erbe bestimmte Voraussetzungen erfüllt. Und für den Fall, dass der von Ihnen eingesetzte Erbe – aus welchen Gründen auch immer – wegfällt, können Sie einen Ersatzerben bestimmen.

3.2.1 Checkliste: Erbeinsetzung

Erbe als Gesamtrechtsnachfolger

Der Erbe ist sogenannter Gesamtrechtsnachfolger des Erblassers. Er übernimmt nicht nur dessen Rechte, sondern auch die Pflichten (z.B. die Verbindlichkeiten des Erblassers; vgl. dazu 3.2.2). Der Erblasser kann testamentarisch auch Zuwendungen verfügen, ohne dass der Empfänger die Rechtsstellung eines Erben hat; man spricht dann von Vermächtnissen; vgl. dazu 3.5).

Auswahl der Erben

Es steht grundsätzlich im Belieben des Erblassers, seine Erben zu bestimmen. Er kann auch andere als die vom Gesetz vorgesehenen Erben einsetzen. Allerdings steht dem Ehegatten, den Kindern und den Eltern des Erblassers ein Mindestanteil am Erbe, der sogenannte Pflichtteil zu (vgl. dazu 1.1).

Alter des Erben

Als Erben können auch Minderjährige eingesetzt werden.

Einsetzung eines oder mehrerer Erben

Es steht im Belieben des Erblassers, einen oder mehrere Erben einzusetzen.

Wenn der Erblasser mehrere Erben einsetzt, muss er deren Erbteile, also den jeweiligen Anteil an der Erbschaft, festlegen. Der Erbanteil muss in einem Bruchteil am Nachlass festgelegt werden. Eine gegenständliche Erbeinsetzung ist nicht möglich. Allerdings kann der Erblasser Anordnungen über die Verteilung des Nachlasses treffen.

Hat der Erblasser die Erbteile nicht bestimmt, erben alle Miterben den gleichen Anteil.

Wenn mehrere Personen erben, bilden sie eine Erbengemeinschaft. Der Nachlass ist dann gemeinschaftliches Vermögen der Miterben.

Erbeinsetzung unter einer Bedingung

Die Erbeinsetzung kann auch bedingt sein. In diesem Fall erbt der eingesetzte Erbe erst, wenn die vom Erblasser festgelegten Voraussetzungen erfüllt sind oder er muss die Erbschaft wieder herausgeben, wenn die Bedingung eintritt (vgl. dazu 3.2.4).

Einsetzung eines Ersatzerben

Für den Fall, dass der testamentarisch bestimmte Erbe vor oder nach dem Erbfall wegfällt, kann der Erblasser einen Ersatzerben bestimmen (vgl. dazu 3.2.5).

3.2.2 Einsetzung eines Alleinerben

In Ihrem Testament können Sie eine einzelne Person als Ihren Erben bestimmen. Diese Person ist dann Ihr sogenannter Gesamtrechtsnachfolger. Sie tritt in Ihre »rechtlichen Fußstapfen«. Alle vererblichen Rechte und Pflichten gehen unmittelbar nach dem Erbfall auf den Erben über.

Formulierungsbeispiel

Ich setze _____ [Vor- und Familiennamen des Erben einsetzen] als unbeschränkten Alleinerben ein.

[Oder]

Zu meinem alleinigen und unbeschränkten Erben berufe ich _____ [Vor- und Familiennamen des Erben einsetzen].

Die von Ihnen als Erbe eingesetzte Person muss erbfähig sein. Andernfalls ist die Erbeinsetzung unwirksam.

Erbe kann jede natürliche Person, also jeder Mensch, werden, die zum Zeitpunkt des Erbfalls lebt. Das Alter des Erben hat keine Bedeutung. Der Erbe muss also nicht geschäftsfähig sein. Erbe kann auch werden, wer bei Eintritt des Erbfalls noch nicht geboren, aber bereits gezeugt worden ist. Voraussetzung ist allerdings, dass das Kind lebend zur Welt kommt.

Erbfähig sind auch juristische Personen (z.B. eingetragene Vereine, Gesellschaften mit beschränkter Haftung oder Aktiengesellschaften) oder rechtsfähige Personenzusammenschlüsse (z.B. eine Kommanditgesellschaft).

Tiere können in einem Testament nicht als Erbe eingesetzt werden (vgl. dazu Mustertestament 5.24).

Beachten Sie, dass durch die Einsetzung eines anderen als der gesetzlich vorgesehenen Erben Pflichtteilsansprüche Ihres Ehegatten, Ihrer Kinder oder Ihrer Eltern entstehen können (vgl. dazu 1.1).

3.2.3 Einsetzung mehrerer Erben

Als Erblasser können Sie mehrere Personen zu Ihren Erben bestimmen. In diesem Fall entsteht eine Erbengemeinschaft. Der Nachlass wird gemeinschaftliches Vermögen der Erben, über das alle Erben nur zusammen verfügen können.

Formulierungsbeispiel

Ich setze _____ und _____ [jeweils Vor- und Familiennamen der Miterben einsetzen] zu meinen unbeschränkten Erben ein.

[Oder]

Ich setze _____ [Vor- und Familiennamen des Miterben einsetzen] und _____ [Vor- und Familiennamen des Miterben einsetzen] jeweils zu gleichen Teilen zu meinen unbeschränkten Erben ein.

[Oder]

Ich setze _____ [Vor- und Familiennamen des Miterben einsetzen] zu _____ [Bruchteil eintragen, z.B. 1/2], _____ [Vor- und Familiennamen des Miterben einsetzen] zu _____ [Bruchteil eintragen, z.B. 1/4] und _____ [Vor- und Familiennamen des Miterben einsetzen] zu _____ [Bruchteil eintragen, z.B. 1/4] zu meinen unbeschränkten Erben ein.

Wegen der Einsetzung erbfähiger Personen vgl. 3.2.2.

Wenn Sie mehrere Erben einsetzen, müssen Sie darauf achten, dass Sie festlegen, welche Erbteile (Bruchteile) des Nachlasses die einzelnen Miterben erhalten sollen. Den von Ihnen eingesetzten Miterben können Sie grundsätzlich nach Ihrem Belieben die entsprechenden Erbteile zuweisen. Treffen Sie keine Regelungen, so erben die Miterben grundsätzlich zu gleichen Teilen.

Wenn Sie den von Ihnen eingesetzten »Erben« nicht Bruchteile des Nachlasses, sondern einzelne Nachlassgegenstände (z.B. ein Sparbuch oder eine Immobilie) zuwenden, handelt es sich nicht um eine Erbeinsetzung, sondern um die Zuwendung von Vermächtnissen (vgl. dazu 3.5).

Beachten Sie, dass durch die Einsetzung anderer als der gesetzlich vorgesehenen Erben bzw. der Zuweisung anderer als der gesetzlich vorgesehenen Erbteile Pflichtteilsansprüche Ihres Ehegatten, Ihrer Kinder oder Ihrer Eltern entstehen können (vgl. dazu 1.1).

3.2.4 Erbeinsetzung unter einer Bedingung

Sie können in Ihrem Testament einen Erben auch unter einer Bedingung einsetzen und so auf ein Verhalten des Erben einwirken. Dabei kann die Erbeinsetzung durch eine aufschiebende oder eine auflösende Bedingung erfolgen.

Bei der aufschiebenden Bedingung erbt der eingesetzte Erbe erst dann, wenn die jeweilige Bedingung eingetreten ist bzw. erfüllt wurde.

Formulierungsbeispiele

Ich bestimme _____ [Vor- und Familiennamen des Erben einsetzen] zu meinem unbeschränkten Alleinerben. Diese Erbeinsetzung steht unter der Bedingung, dass ____ [Bedingung formulieren, z.B. dass der eingesetzte Erbe erfolgreich ein bestimmtes Studium abschließt, verheiratet ist oder die Pflege des Erblassers übernimmt]. Sollte der eingesetzte Erbe die Bedingung nicht erfüllen, soll die gesetzliche Erbfolge gelten.

[Oder]

Ich bestimme _____ [Vor- und Familiennamen des Erben einsetzen] zu meinem Alleinerben. Diese Erbeinsetzung steht unter der Bedingung, dass _____ [Bedingung formulieren, z.B. dass der eingesetzte Erbe erfolgreich ein bestimmtes Studium abschließt, verheiratet ist oder die Pflege des Erblassers übernimmt]. Sollte der eingesetzte Erbe die Bedingung nicht erfüllen, bestimme ich _____ [Vor- und Familiennamen des nachfolgenden Erben einsetzen] zum unbeschränkten Alleinerben.

[Oder]

Ich bestimme _____ und _____ [jeweils Vor- und Familiennamen der Miterben einsetzen] zu meinen unbeschränkten Erben. _____ [Vor- und Familiennamen des unter der Bedingung eingesetzten Miterben einsetzen] s oll aber erst Erbe werden, wenn _____ [Bedingung formulieren, z.B. wenn der eingesetzte Erbe heiratet]. Für den Fall, dass _____ [Vor- und Familiennamen des unter der Bedingung eingesetzten Miterben einsetzen] die Bedingung nicht erfüllt, fällt dessen Erbteil dem anderen Miterben zu.

Durch eine aufschiebend bedingte Erbeinsetzung können Sie den Bedachten in erster Linie zu einer Handlung veranlassen (z.B. Übernahme Ihrer Pflege im Alter, Absolvierung eines Studiums).

Durch eine aufschiebend bedingte Erbeinsetzung kann sich der Anfall der Erbschaft verzögern, wenn die Bedingung zum Zeitpunkt des Erbfalls noch nicht eingetreten ist. In diesem Fall wird die betreffende Person erst Erbe, sobald die Bedingung erfüllt ist, wenn sie also zum Beispiel das BWL-Studium erfolgreich absolviert oder ein bestimmtes Alter erreicht hat.

Wurde die Bedingung bereits vor dem Erbfall erfüllt (hat also z.B. der eingesetzte Erbe vor dem Tod des Erblassers das Studium erfolgreich abgeschlossen), hat die aufschiebende Bedingung keine verzögernde Wirkung. Die betreffende Person wird in diesem Fall bei Eintritt des Erbfalls sofort Erbe.

Für den Fall, dass der eingesetzte Erbe die Bedingung nicht erfüllt, müssen Sie Ersatzerben bestimmen, etwa dass in diesem Fall gesetzliche Erbfolge gelten soll, eine von Ihnen bestimmte andere Person Erbe wird oder – wenn mehrere Erben eingesetzt sind und die Erbeinsetzung eines dieser Erben aufschiebend bedingt ist –, dass dessen Erbteil dem anderen Miterben zufällt.

Durch eine auflösende Bedingung können Sie auf das Verhalten des betreffenden Erben über Ihren Tod hinaus Einfluss nehmen.

Formulierungsbeispiele

Ich bestimme _____ [Vor- und Familiennamen des Erben einsetzen] zu meinem unbeschränkten Alleinerben unter der Bedingung, dass _____ [Bedingung formulieren, z.B., dass der eingesetzte Erbe nicht heiratet oder dass er seine Ausbildung nicht abbricht]. Für den Fall, dass diese Bedingung nicht erfüllt wird, soll die gesetzliche Erbfolge gelten.

[Oder]

Ich bestimme _____ [Vor- und Familiennamen des Erben einsetzen] zu meinem unbeschränkten Alleinerben unter der Bedingung, dass _____ [Bedingung formulieren, z.B., dass der eingesetzte Erbe sein Studium nicht abbricht oder dass er weiterhin den Erblasser pflegt]. Für den Fall, dass diese Bedingung nicht erfüllt wird, bestimme ich _____ [Vor- und Familiennamen des nachfolgenden Erben einsetzen] zum unbeschränkten Alleinerben.

[Oder]

Ich bestimme _____ und _____ [jeweils Vor- und Familiennamen der Miterben einsetzen] zu meinen unbeschränkten Erben. Die Erbeinsetzung von _____ [Vor- und Familiennamen des unter der Bedingung eingesetzten Miterben einsetzen] erfolgt allerdings unter der Bedingung, dass _____ [Bedingung formulieren, z.B., dass der eingesetzte Erbe nicht sein Studium abbricht oder dass er weiterhin den Erblasser pflegt]. Für den Fall, dass _____ [Vor- und Familiennamen des unter der Bedingung eingesetzten Miterben einsetzen] die Bedingung nicht erfüllt, fällt dessen Erbteil dem anderen Miterben zu.

Durch eine aufschiebend bedingte Erbeinsetzung können Sie den Bedachten in erster Linie zu einer Unterlassung veranlassen (z.B. Wiederverheiratung, Abbruch der Ausbildung).

Bei einer auflösend bedingten Erbeinsetzung wird die betreffende Person beim Eintritt des Erbfalls zwar sofort Erbe, um die Erbschaft behalten zu dürfen, muss aber die festgelegte Bedingung erfüllen. Verstößt der Erbe gegen diese Bedingung, muss er die Erbschaft wieder herausgeben.

Für den Fall, dass der eingesetzte Erbe die Bedingung nicht erfüllt, müssen Sie Ersatzerben bestimmen, etwa dass in diesem Fall gesetzliche Erbfolge gelten soll, eine von Ihnen bestimmte andere Person Erbe wird oder – wenn mehrere Erben eingesetzt sind und die Erbeinsetzung eines dieser Erben auflösend bedingt ist –, dass dessen Erbteil dem anderen Miterben zufällt. Die Erbschaft muss dann an den Ersatzerben herausgegeben werden.

3.2.5 Einsetzung eines Ersatzerben

Wenn Sie in Ihrem Testament einen oder mehrere Erben eingesetzt haben, sollten Sie auch bedenken, was geschieht, wenn diese – aus welchen Gründen auch immer – die Erbschaft nicht antreten können oder nicht antreten wollen. Für diesen Fall haben Sie die Möglichkeit, einen weiteren Erben, einen sogenannten Ersatzerben, einzusetzen.

Stirbt beispielweise der eingesetzte Erbe vor Ihnen oder schlägt er nach dem Eintritt des Erbfalls die Erbschaft aus, wird die Erbeinsetzung unwirksam und es tritt gesetzliche Erbfolge ein (vgl. dazu 1.6). Haben Sie mehrere Erben eingesetzt und fällt einer von ihnen vor oder nach dem Erbfall weg und haben Sie gesetzliche Erbfolge ausgeschlossen, wächst der Erbteil des weggefallenen Erben den übrigen Erben nach dem Verhältnis ihrer Erbteile an. Sind diese Folgen von Ihnen nicht gewünscht, müssen Sie in Ihrem Testament eine Ersatzerbschaft anordnen.

Der Ersatzerbe wird nur dann Erbe, wenn der zunächst eingesetzte Alleinerbe oder Miterbe nicht Erbe geworden ist. Die Einsetzung eines oder mehrerer Ersatzerben muss im Testament erfolgen. Als Ersatzerben können Sie Miterben, gesetzliche Erben oder Dritte bestimmen. Dabei bestehen mehrere Gestaltungsmöglichkeiten:

Einzelperson als Ersatzerbe

Sie können eine einzelne Person testamentarisch als Ersatzerbe einsetzen.

Formulierungsbeispiel

Ich setze _____ [Vor- und Familiennamen des Erben einsetzen] zu meinem unbeschränkten Alleinerben ein, ersatzweise _____ [Vor- und Familiennamen des Ersatzerben einsetzen].

[Oder]

Ich setze _____ und _____ [jeweils Vor- und Familiennamen der Miterben einsetzen] zu meinen unbeschränkten Erben ein. Als Ersatzerben bestimme ich für beide Erben _____ [Vor- und Familiennamen des Ersatzerben einsetzen].

Mehrere Ersatzerben nebeneinander

Sie können mehrere Ersatzerben nebeneinander bestimmen. In diesem Fall sind die Ersatzerben gemeinschaftlich und – wenn Sie nichts anderes bestimmt haben – zu gleichen Teilen berufen.

Formulierungsbeispiel

Ich setze _____ [Vor- und Familiennamen des Erben einsetzen] zu meinem unbeschränkten Alleinerben ein, ersatzweise _____ und _____ [Vor- und Familiennamen der Ersatzerben einsetzen].

Mehrere Ersatzerben hintereinander

Sie können die Ersatzerben nacheinander einsetzen. In diesem Fall kommt der zuletzt genannte Ersatzerbe erst zum Zuge, wenn der vorgenannte Ersatzerbe wegfällt.

Formulierungsbeispiel

Ich setze _____ [Vor- und Familiennamen des Erben einsetzen] zu meinem unbeschränkten Alleinerben ein, ersatzweise _____ [Vor- und Familiennamen des Ersatzerben einsetzen], wiederum ersatzweise _____ [Vor- und Familiennamen des weiteren Ersatzerben einsetzen].

3.3 Anordnung der Vor- und Nacherbfolge

Sie können durch ein Testament einen Erben auch in der Weise einsetzen, dass dieser erst Erbe wird, nachdem ein anderer Erbe geworden ist. Mit dem Erbfall fällt dann die Erbschaft erst an den sogenannten Vorerben. Und erst bei einem von Ihnen zu bestimmenden Ereignis (z.B. Tod des Vorerben) geht der Nachlass auf den Nacherben über. So können Sie beispielsweise Ihren Ehegatten als Vorerben einsetzen und für den Fall, dass dieser wieder heiratet, bestimmen, dass der Nachlass auf Ihre Kinder übergeht.

3.3.1 Checkliste: Vor- und Nacherbfolge

Bedürfnis für die Vor- und Nacherbfolge

Für die Anordnung der Vor- und Nacherbfolge können verschiedene Gründe in Betracht kommen, u.a.:

- Der Erblasser kann auf das Verhalten der Vor- und Nacherben gezielt Einfluss nehmen (z.B. Sanktionierung der Wiederverheiratung des überlebenden Ehegatten).
- Es kann sichergestellt werden, dass dem Nacherben die Substanz des Nachlasses zur Verfügung steht, während dem Vorerben lediglich die Nutzung des Nachlasses gewährt wird.
- Bei überschuldeten Erben kann verhindert werden, dass der Nachlass zur Begleichung der Verbindlichkeiten herangezogen wird (vgl. Mustertestament 5.22).
- Bei behinderten oder pflegebedürftigen Personen kann der Nachlass dem Zugriff des Sozialhilfeträgers entzogen werden (vgl. Mustertestament 5.23).

Umfang der Vor- und Nacherbschaft

Der Erblasser muss in seinem Testament festlegen, auf welchen Teil des Nachlasses sich die Vor- und Nacherbfolge beziehen soll. Die Anordnung kann sich auf den gesamten Nachlass oder nur auf einen Teil, das heißt auf einen Bruchteil, nicht aber auf einzelne Nachlassgegenstände erstrecken.

Bestimmung des Vorerben

Der Erblasser muss den Vorerben bestimmen, also den Erben, dem die Erbschaft bis zum Eintritt des Nacherbfalls zusteht (vgl. dazu 3.3.2).

Bestimmung des Nacherben

Der Erblasser muss den Nacherben bestimmen, als den Erben, dem die Erbschaft nach Eintritt des Nacherbfalls endgültig zustehen soll. Ist dies im Testament nicht geschehen, hat der Erblasser aber gleichwohl Vor- und Nacherbfolge angeordnet, so gelten diejenigen als Nacherben, die zum

Zeitpunkt der Nacherbfolge gesetzliche Erben des Erblassers gewesen wären mit Ausnahme des Fiskus (vgl. dazu 3.3.2).

Bestimmung des Nacherbfalls

Der Erblasser muss den Zeitpunkt des Eintritts des Nacherbfalls bestimmen. Als Nacherbfall kann ein bestimmtes Datum oder der Eintritt eines bestimmten Ereignisses (z.B. Volljährigkeit des Nacherben, Eheschließung des Vorerben) festgelegt werden. Hat der Erblasser den Zeitpunkt des Eintritts des Nacherbfalls testamentarisch nicht festgelegt, so tritt der Nacherbfall mit dem Tod des Vorerben ein (vgl. dazu 3.3.2).

Befreiung des Vorerben von gesetzlichen Beschränkungen

Der Vorerbe wird Rechtsnachfolger des Erblassers. Damit ist er Eigentümer und Besitzer der zum Nachlass gehörenden Gegenstände und Inhaber der vererblichen Rechte (z.B. Gläubiger von Forderungen gegenüber Dritten). In diesem Zusammenhang kann der Vorerbe zwar über den Nachlass verfügen, damit aber den Nacherben der Wert und die Substanz des Nachlasses erhalten bleiben, unterliegt der Vorerbe gesetzlichen Verfügungsbeschränkungen. Von einigen dieser Beschränkungen kann der Erblasser den Vorerben befreien (vgl. dazu 3.3.3).

3.3.2 Inhalt der testamentarischen Anordnung

Die Vor- und Nacherbfolge müssen Sie in Ihrem Testament anordnen. Darin müssen Sie insbesondere den Vorerben, den Nacherben und den Nacherbfall bestimmen.

- Sie müssen in Ihrem Testament den Vorerben bestimmen. Er ist Erbe bis zum Eintritt des Nacherbfalls. Der Vorerbe ist allerdings in der Verfügungsmöglichkeit über Nachlassgegenstände eingeschränkt (vgl. dazu 3.3.3).
- Sie müssen festlegen, wer nach dem Vorerben die Erbschaft erhalten soll. Sie dürfen es nicht dem Vorerben überlassen, den Nacherben zu bestimmen. Der Nacherbe wird mit dem Eintritt des Nacherbfalls endgültiger Erbe des Nachlasses. Er kann frei über den Nachlass verfügen.
- Sie müssen bestimmen, wann der Nacherbfall eintreten soll, also den Fall, wann der Vorerbe die Erbschaft an den Nacherben abgeben muss.

Angabe eines Datums

Als Nacherbfall können Sie testamentarisch ein bestimmtes Datum angeben.

Formulierungsbeispiel

Ich setze zu meinem Vorerben meinen Ehemann _____ [Vor- und Familiennamen des Vorerben einsetzen] ein. Am _____ [Datum einsetzen] soll unsere gemeinsame Tochter _____ [Vor- und Familiennamen des Nacherben einsetzen] Nacherbin werden.

Angabe eines konkreten Ereignisses

Als Nacherbfall kann im Testament ein konkretes Ereignis festgelegt werden.

Formulierungsbeispiele

Ich setze zu meinem Vorerben meinen Ehemann _____ [Vor- und Familiennamen des Vorerben einsetzen] ein. Nacherbe soll mein Sohn _____ [Vor- und Familiennamen des Nacherben einsetzen] werden, wenn er das 25. Lebensjahr vollendet hat.

[Oder]

Ich setze meinen Ehemann _____ [Vor- und Familiennamen des Vorerben einsetzen] als Vorerbe ein. Wenn er wieder heiratet, soll mein Sohn _____ [Vor- und Familiennamen des Nacherben einsetzen] Nacherbe werden.

[Oder]

Ich setze zu meinem Vorerben meinen Ehemann _____ [Vor- und Familiennamen des Vorerben einsetzen] ein. Nacherbe soll mein Sohn _____ [Vor- und Familiennamen des Nacherben einsetzen] werden, wenn er seine Ausbildung zum _____ [konkrete Bezeichnung der vom Nacherben zu absolvierenden Ausbildung] abgeschlossen hat.

Keine Festlegung des Nacherbfalls

Treffen Sie keine Anordnung über den Nacherbfall, tritt dieser mit dem Tod des Vorerben ein.

Formulierungsbeispiel

Ich setze zu meinem Vorerben meine Lebenspartnerin _____ [Vor- und Familiennamen des Vorerben einsetzen] ein. Nacherbe nach ihrem Tod soll mein Bruder _________ [Vor- und Familiennamen des Nacherben einsetzen] werden.

3.3.3 Befreiung des Vorerben von gesetzlichen Beschränkungen

Ein von Ihnen eingesetzter Vorerbe kann zwar als Eigentümer aller Nachlassgegenstände und Gläubiger aller Forderungen über den Nachlass verfügen, damit aber den Nacherben der Wert und die Substanz des Nachlasses erhalten bleiben, ist der Vorerbe in seiner Verfügungsmacht beschränkt. Das bedeutet konkret, dass er keine Schenkungen aus dem Nachlass vornehmen und Immobilen im Nachlass nicht verkaufen darf. Er muss auf Verlangen des Nacherben bestimmte Wertpapiere hinterlegen. Geld muss der Vorerbe mündelsicher anlegen.

Sie können den von Ihnen testamentarisch eingesetzten Vorerben von einigen gesetzlichen Verpflichtungen und Beschränkungen befreien und ihm damit eine größere Handlungs- und Verfügungsfreiheit beim Nachlass einräumen. Die Befreiung muss in Ihrem Testament enthalten sein.

Von den gesetzlichen Beschränkungen und Verpflichtungen können Sie den Vorerben nur im gesetzlichen Rahmen befreien.

Befreiung von allen zulässigen Beschränkungen

Sie können den Vorerben von allen gesetzlich zulässigen Beschränkungen und Verpflichtungen befreien. In diesem Fall ist der Vorerbe insbesondere von der Verfügungsbeschränkung über Grundstücke, der Hinterlegung von Wertpapieren und der mündelsicheren Anlage von Geld befreit. Nicht befreit ist der Vorerbe dagegen vom gesetzlichen Verbot, Schenkungen aus dem Nachlass vorzunehmen.

Formulierungsbeispiel

Ich setze meine Ehefrau _____ [Vor- und Familiennamen des Vorerben einsetzen] als Vorerbe ein. Nacherben sollen unsere gemeinsamen Kinder _____ und _____ [Vor- und Familiennamen der Nacherben einsetzen] sein. Der Vorerbe ist von allen gesetzlichen Beschränkungen und Verpflichtungen, soweit gemäß § 2136 BGB zulässig, befreit.

Befreiung einer einzelnen Beschränkung

Sie können den Vorerben ausdrücklich von einzelnen Beschränkungen, in diesem Fall vom Verbot, eine Immobilie aus dem Nachlass zu verkaufen, befreien.

Formulierungsbeispiel

Der Vorerbe darf das im Nachlass befindliche Hausgrundstück _____ [konkrete Beschreibung der entsprechenden Immobilie] jederzeit verkaufen. Von der gesetzlichen Verfügungsbeschränkung wird er ausdrücklich befreit.

Befreiung einer einzelnen Beschränkung unter einer Bedingung

Sie können den Vorerben von gesetzlichen Beschränkungen und Verpflichtungen auch unter einer Bedingung befreien. In diesem Fall müssen Sie konkret festlegen, von welcher Beschränkung der Vorerbe befreit werden soll, und welcher Umstand eintreten muss, dass die Befreiung greift.

Formulierungsbeispiel

Der Vorerbe darf das im Nachlass befindliche Hausgrundstück _____ [konkrete Beschreibung der entsprechenden Immobilie] mit Grundpfandrechten belasten, wenn dies für die Instandsetzung und Instandhaltung oder für Um- oder Ausbauten erforderlich ist. Im Übrigen bleibt es in vollem Umfang bei den gesetzlichen Beschränkungen und Verpflichtungen des Vorerben.

3.4 Enterbung gesetzlicher Erben

Ihre Freiheit, nach Ihrem Belieben Verfügungen über Ihr Vermögen nach Ihrem Tod zu treffen, erstreckt sich auch darauf, Ihre gesetzlichen Erben zu enterben. Gesetzliche Erben sind zwangsläufig enterbt, wenn Sie in Ihrem Testament vollständig über den Nachlass verfügen, ohne diese zu berücksichtigen.

Die Enterbung Ihres Ehegatten, Ihrer Kinder und Eltern hat zur Folge, dass diese den Pflichtteil geltend machen können. Die Entziehung des Pflichtteils ist nur in Ausnahmefällen möglich. In jedem Fall bedarf die Entziehung einer ausdrücklichen Anordnung im Testament.

3.4.1 Checkliste: Enterbung

Testierfreiheit des Erblassers

Die gesetzlich garantierte Testierfreiheit erlaubt es Ihnen, nach Ihrem freien Belieben Anordnungen und Bestimmungen über Ihr Vermögen nach dem Tod zu treffen. Dazu gehört auch das Recht, gesetzliche Erben von der Erbfolge auszuschließen.

Negatives Testament

Sie können einen Verwandten oder Ihren Ehegatten von der gesetzlichen Erbfolge ausschließen, ohne einen Erben zu bestimmen. Die Enterbung eines gesetzlichen Erben müssen Sie nicht begründen (vgl. dazu 3.4.2).

Enterbung des gesetzlichen Erben oder des ganzen Stamms

Die Enterbung von Verwandten in einem negativen Testament kann auf die betreffenden Personen beschränkt werden oder sich auch auf ihre Abkömmlinge erstrecken (vgl. dazu 3.4.2).

Positives Testament

Sie können gesetzliche Erben auch in der Form übergehen, dass Sie andere Personen testamentarisch zu Ihren Erben einsetzen, dabei den gesamten Nachlass vergeben und damit zwangsläufig gesetzliche Erben enterben.

Folgen der Enterbung

Wer von der gesetzlichen Erbfolge ausgeschlossen wurde, wird so behandelt, als würde er zur Zeit des Erbfalls nicht mehr leben. Der Ausschluss führt also zur gesetzlichen Erbfolge ohne den Ausgeschlossenen.

Berücksichtigung von Pflichtteilsansprüchen

Im Falle der Enterbung steht Ihrem Ehegatten und Ihren nächsten Verwandten der sogenannte Pflichtteil als Mindestanteil an der Erbschaft zu. Pflichtteilsansprüche müssen bei der Errichtung des Testaments unbedingt berücksichtigt werden, weil die Erben später mit diesen Ansprüchen konfrontiert werden können (vgl. dazu 1.1).

Entziehung des Pflichtteils

Nur bei einem außergewöhnlich schweren Fehlverhalten können Sie einem Pflichtteilsberechtigten den Anspruch entziehen (vgl. dazu 3.4.3).

3.4.2 Ausdrückliche Enterbung

Sie können sich in Ihrem Testament darauf beschränken, Ihren Ehegatten oder Verwandte von der gesetzlichen Erbfolge auszuschließen, ohne einen Erben einzusetzen. Die Enterbung brauchen Sie nicht zu begründen.

Wer von der gesetzlichen Erbfolge ausgeschlossen wurde, wird so behandelt, als würde er zur Zeit des Erbfalls nicht mehr leben. Der Ausschluss führt also zur gesetzlichen Erbfolge ohne den Ausgeschlossenen. Die Enterbung des Ehegatten erhöht also den gesetzlichen Erbteil der Verwandten. Werden die Verwandten einer früheren Ordnung ausgeschlossen (z.B. Kinder), kommen die nächsthöheren Verwandten (z.B. Eltern) zum Zug (vgl. dazu 1.6).

Beschränkung der Enterbung auf genannte Person

Die Enterbung eines nahen Verwandten (z.B. eines Kindes) betrifft nur diesen, nicht dessen Abkömmlinge (z.B. die Enkel des Erblassers). Diese treten vielmehr an die Stelle der enterbten Person.

Formulierungsbeispiele

_____ [Vor- und Familiennamen der enterbten Person einsetzen] schließe ich von der Erbfolge aus.

[Oder]

Ich setze hiermit _____ [Vor- und Familiennamen des Erben einsetzen] zu meinem unbeschränkten Alleinerben ein. _____ [Vor- und Familiennamen der enterbten Person einsetzen] enterbe ich.

Erstreckung der Enterbung auf Abkömmlinge des Enterbten

Wenn Sie die Enterbung auch auf die Abkömmlinge eines enterbten Verwandten erstrecken wollen, müssen Sie dies in Ihrer Verfügung ausdrücklich erklären.

Formulierungsbeispiele

_____ [Vor- und Familiennamen des enterbten Verwandten einsetzen] und seine Abkömmlinge schließe ich von der Erbfolge aus.

[Oder]

_____ [Vor- und Familiennamen des enterbten Verwandten einsetzen] und seine Abkömmlinge enterbe ich.

3.4.3 Entziehung des Pflichtteils

Der Pflichtteil soll dem Ehegatten und den nächsten Angehörigen des Erblassers einen Mindestanteil an dessen Vermögen nach seinem Tod sichern (vgl. dazu 1.1). Den Pflichtteilsberechtigten kann deshalb der Pflichtteil nur in wenigen Ausnahmefällen entzogen werden.

Die Gründe, auf die sich der Erblasser berufen kann, sind im Gesetz abschließend geregelt. Dabei handelt es sich um eine Aufzählung von Sachverhalten, die ein außergewöhnlich schweres Fehlverhalten gegenüber dem Erblasser darstellen, sodass es für diesen unzumutbar wird, diese Person gegen seinen Willen auch nur mit einem Mindestanteil in Form des Pflichtteils an seinem Nachlass teilhaben zu lassen. Beispielsweise kann einem Berechtigten der Pflichtteil entzogen werden, wenn er sich eines Verbrechens oder eines schweren vorsätzlichen Vergehens gegen den Erblasser schuldig macht oder die ihm dem Erblasser gegenüber obliegende Unterhaltspflicht böswillig verletzt.

Formulierungsbeispiel

Hiermit enterbe ich meinen Sohn _____ [Vor- und Familiennamen einsetzen] und entziehe ihm den Pflichtteil aus folgenden Gründen:

_____ [Angabe der Gründe, Tatzeiten, Beweise]. Z.B.: Mein Sohn hatte in der Vergangenheit wiederholt finanzielle Schwierigkeiten. Ich habe ihn so gut es ging finanziell unterstützt. Am _____ [Datum einsetzen] hat er mich zum wiederholten Male um einen größeren Geldbetrag gebeten. Weil ich finanziell nicht in der Lage war, ihm zu helfen, kam es zu einer handgreiflichen Auseinandersetzung. Mein Sohn hat mehrmals auf mich eingeschlagen und mich getreten. Ich erlitt einen Nasenbeinbruch und schwere Rippenprellungen. Das Attest meines Arztes vom _____ [Datum einsetzen] ist in der Anlage beigefügt. Ich entbinde ihn ausdrücklich von der ärztlichen Schweigepflicht. Ferner steht meine Tochter _____ [Vor- und Familiennamen des Erben einsetzen] als Zeugin zur Verfügung.

Die Entziehung des Pflichtteils müssen Sie in Ihrem Testament ausdrücklich erklären.

Der Grund der Entziehung muss konkret dargelegt werden. Es reicht nicht aus, dass Sie allgemein feststellen, dass der Pflichtteil beispielsweise wegen des »Lebenswandels« Ihres Sohnes oder »psychischer Qualen«, die Ihnen zugefügt wurden, entzogen wird.

Der Grund für die Entziehung des Pflichtteils ist nur dann formgerecht erklärt, wenn im Testament zumindest ein zutreffender Kernsachverhalt angegeben wird. Dabei muss der Sachverhalt zumindest stichwortartig niedergelegt werden.

Unklare und unvollständige Formulierungen im Testament führen zur Unwirksamkeit der Pflichtteilsentziehung.

3.5 Zuwendung einzelner Nachlassgegenstände (Vermächtnisse)

Mit einem Vermächtnis können Sie jemandem in Ihrem Testament einen Vermögensvorteil zuwenden, ohne dass Sie ihn zum Erben einsetzen. Die mit dem Erbe verbundenen Pflichten, wie beispielsweise die Verwaltung des Nachlasses oder die Befriedigung von Nachlassverbindlichkeiten, gelten für den Begünstigten, dem sogenannten Vermächtnisnehmer, nicht. Dieser hat lediglich einen Anspruch gegen die Erben auf Erfüllung des Vermächtnisses.

Gegenstand eines Vermächtnisses muss immer ein »Vermögensvorteil« sein. Der Bedachte muss also begünstigt werden. In Betracht kommen insbesondere

- die Übertragung von Eigentum an bestimmten Gegenständen (z.B. Auto, Briefmarkensammlung),
- die Übertragung von Rechten (z.B. Nießbrauch an Sachen und Rechten, lebenslanges Wohnrecht, Urheberrecht) und
- die Einräumung von Forderungsrechten (z.B. Anspruch auf Rückzahlung eines Darlehens oder auf Aufnahme in eine Gesellschaft).

3.5.1 Checkliste: Vermächtnis

Gründe für die Anordnung

Für die Anordnung von Vermächtnissen können verschiedene Gründe in Betracht kommen, u.a.:

- Sie können einzelne Vermögensgegenstände Personen zuwenden, die nicht Erbe sein, gleichwohl aber entsprechend Ihren persönlichen Wünschen am Nachlass beteiligt werden sollen.
- Sie können einen gesetzlichen Erben enterben, diesen aber gleichzeitig durch ein ausgesetztes Vermächtnis entschädigen. Das kann z.B. sinnvoll sein, wenn Sie Streit unter den Miterben einer Erbengemeinschaft befürchten und deshalb eine bestimmte Person (z.B. ein nichteheliches Kind) nicht Mitglied einer Erbengemeinschaft werden soll.
- Durch die Zuwendung eines Vorausvermächtnisses können Sie Erben außerhalb des Erbteils und über diesen hinaus einen Vermögensvorteil zuwenden. Sie können so einzelne Miterben gegenüber den anderen Miterben wertmäßig begünstigen.

Beschwerter

Sie können mit einem Vermächtnis den Erben oder einen Vermächtnisnehmer beschweren. Sofern Sie in Ihrem Testament nichts anderes bestimmen, ist der Erbe Beschwerter. Er muss das testamentarische Vermächtnis erfüllen.

Bedachter

Regelmäßig werden Sie in Ihrem Testament festlegen, welcher Person ein bestimmter Gegenstand zuzuwenden ist. In diesem Fall bestimmen Sie testamentarisch den Vermächtnisnehmer. Sie können allerdings auch mehrere Personen mit einem Vermächtnis in der Weise bedenken, dass Sie die Auswahl unter mehreren Bedachten dem Erben oder einem Dritten überlassen.

Gegenstand

Vgl. dazu 3.5.2.

Anfall

Sofern Sie nichts anderes angeordnet haben, tritt der Anfall des Vermächtnisses mit dem Erbfall, also mit Ihrem Tod ein. Ab diesem Zeitpunkt hat der Vermächtnisnehmer gegen den Beschwerten Anspruch auf Leistung des Vermächtnisgegenstands.

Absicherung der Vermächtniserfüllung

Vgl. dazu 3.5.3.

3.5.2 Gegenstände des Vermächtnisses

Gegenstand eines Vermächtnisses muss immer ein »Vermögensvorteil« sein. Der Bedachte muss also begünstigt werden. Es muss sich um eine unentgeltliche Zuwendung handeln. Nach ihrem Inhalt stehen Ihnen verschiedene Vermächtnisarten zu Verfügung.

Der Gegenstand eines Vermächtnisses muss im Testament nicht abschließend bestimmt sein. So sind also auch Wahlvermächtnisse, Gattungsvermächtnisse oder Zweckvermächtnisse zulässig (vgl. dazu unten), bei denen der Beschwerte, der Bedachte oder ein Dritter den Vermächtnisgegenstand bestimmen.

Stückvermächtnis

Mit einem Stückvermächtnis können Sie einer Person einen bestimmten Gegenstand zuwenden. Das Stückvermächtnis ist der Regelfall eines Vermächtnisses. Gegenstand des Vermächtnisses ist meist eine Sache, in Betracht kommen aber auch eine Forderung oder ein Recht. Beispielsweise können Sie einem Freund Ihre Briefmarkensammlung oder Ihrer Haushälterin Ihr Auto vermachen.

Formulierungsbeispiel

_____ [Vor- und Familiennamen des Vermächtnisnehmers einsetzen] vermache ich _____ [konkrete Bezeichnung des Gegenstands, z.B. die Briefmarkensammlung, das Wertpapierdepot, eine Eigentumswohnung oder das Auto].

Voraussetzung für die Wirksamkeit des Stückvermächtnisses ist, dass der Gegenstand zum Zeitpunkt des Erbfalls zum Nachlass gehört. Der maßgebliche Zeitpunkt ist also der Zeitpunkt des Erbfalls und nicht der Zeitpunkt der Testamentserrichtung.

Geldvermächtnis

Mit einem Geldvermächtnis können Sie dem Vermächtnisnehmer testamentarisch einen bestimmten Geldbetrag zuwenden.

Formulierungsbeispiel

_____ [Vor- und Familiennamen des Vermächtnisnehmers einsetzen] erhält im Wege des Vermächtnisses einen Geldbetrag in Höhe von _____ Euro.

Dieser Betrag verändert sich in demselben Verhältnis wie der vom Statistischen Bundesamt festgestellte Verbraucherpreisindex der Bundesrepublik Deutschland. Bezugsgrößen für die Indexierung sind der Monat, in dem dieses Testament errichtet wurde, und der Monat, für welchen beim Erbfall die aktuellsten Indexzahlen veröffentlicht sind.

Sinnvoll ist es, den Geldbetrag im Testament genau zu beziffern und mit einer Indexklausel, die auf einen vom Statistischen Bundesamt ermittelten Index der Lebenshaltungskosten oder Verbraucherpreise Bezug nimmt, vor dem Geldwertverfall zu sichern.

Alternativ kann der vermachte Geldbetrag durch eine sogenannte Quotenklausel (vgl. unten) in einem Prozentsatz des Nachlasswerts ausgedrückt werden.

Quotenvermächtnis

Beim Quotenvermächtnis handelt es sich um eine spezielle Form des Geldvermächtnisses. Sie definieren also keinen festen Betrag als Vermächtnis, sondern bestimmen eine Quote, die den Anteil beschreibt, den der Vermächtnisnehmer vom Nachlass erhalten soll. Der genaue Betrag des Vermächtnisses steht also in direktem Zusammenhang mit der Höhe des Nachlasses und bildet einen bestimmten Umfang hiervon.

Formulierungsbeispiel

Im Wege eines Vermächtnisses vermache ich _____ [Vor- und Familiennamen des Vermächtnisnehmers einsetzen] einen Anteil von _____ [Beteiligungsquote am Nachlass einsetzen, z.B. 1/3 oder 1/6] des sich nach Abzug der Nachlassverbindlichkeiten ergebenden Nachlasswerts.

Der wesentliche Vorteil eines Quotenvermächtnisses besteht darin, dass wirtschaftliche Entwicklungen wie beispielsweise eine Geldentwertung für den Vermächtnisnehmer keine Auswirkungen haben, weil dieser – unabhängig vom aktuellen Geldwert – stets den testamentarisch festgelegten Anteil am Nachlass erhält.

Gattungsvermächtnis

Bei einem Gattungsvermächtnis beschränken Sie sich darauf, den vermachten Gegenstand nur der Gattung nach, also nach bestimmten Merkmalen, zu bestimmen und die Gattungsmerkmale zu beschreiben.

Formulierungsbeispiel

_____ [Vor- und Familiennamen des Vermächtnisnehmers einsetzen] vermache ich _____ [Bestimmung der Gattung des vermachten Gegenstands, z.B. ein Auto, ein Kleid oder einen Pelzmantel]. Der Vermächtnisnehmer darf sich den vermachten Gegenstand selbst auswählen. Die Auswahl muss innerhalb von drei Monaten nach Eintritt des Erbfalls getroffen werden. Andernfalls geht das Auswahlrecht auf den Erben über.

Bei einem Gattungsvermächtnis wird von dem mit dem Vermächtnis Beschwerten eine den Verhältnissen des Bedachten entsprechende Sache geschuldet. Ein Vermächtnisnehmer, der in eher bescheidenen Verhältnissen lebt, kann also im Rahmen eines Gattungsvermächtnisses nicht darauf bestehen, einen teuren Sportwagen oder antiken Schrank als Vermögensvorteil zu erhalten, weil dies nicht seinen Lebensumständen entspricht.

Wer die Sache auszuwählen hat, bestimmen in erster Linie Sie in Ihrem Testament. In Betracht kommen der Erbe, der Bedachte oder ein Dritter (z.B. Testamentsvollstrecker). Haben Sie keine Festlegung getroffen, hat der Beschwerte (in der Regel der Erbe) das Auswahlrecht.

Vorausvermächtnis

Von einem Vorausvermächtnis spricht man, wenn das Vermächtnis dem Erben selbst zugewandt wird. Damit können Sie – wenn Sie in Ihrem Testament mehrere Erben eingesetzt haben – einem Miterben einen bestimmten Gegenstand zuwenden, ohne dass damit eine Anrechnung auf dessen Erbteil verbunden ist. Der bedachte Miterbe erhält somit einen zusätzlichen Vermögensvorteil außerhalb seines Erbteils und über diesen hinaus.

Formulierungsbeispiel

Ich setze _____ und _____ [jeweils Vor- und Familiennamen der Miterben einsetzen] jeweils zur Hälfte zu meinen unbeschränkten Erben ein. _____ [Vor- und Familiennamen des Miterben einsetzen, dem zusätzlich ein Vermächtnis zugewandt werden soll] vermache ich darüber hinaus ohne Anrechnung auf den Erbteil _____ [Gegenstand des Vermächtnisses einsetzen, z.B. Wertpapierdepot].

Mit einem Vorausvermächtnis haben Sie die Möglichkeit, einen einzelnen Miterben gegenüber den anderen Miterben wertmäßig zu begünstigen. Der Vermächtnisnehmer hat bereits vor der Teilung des Nachlasses einen Anspruch gegenüber den übrigen Erben auf Übertragung des vermachten Gegenstands.

Wahlvermächtnis

Mit einem Wahlvermächtnis können Sie einer Person in der Form eine Zuwendung machen, dass der Bedachte von mehreren Gegenständen nur den einen oder den anderen erhalten soll. Dem Bedachten wird also im Rahmen des Vermächtnisses eine Wahlmöglichkeit eingeräumt. Er muss sich für einen der betreffenden Gegenstände entscheiden; er kann also nur eine Sache oder mehrere Sachen aussuchen, während die restlichen Gegenstände in die Erbmasse fließen.

Sobald die Wahl getroffen wurde, ist der Erbe verpflichtet, den betreffenden Gegenstand an den Vermächtnisnehmer auszuhändigen.

Wahlberechtigt ist in erster Linie der mit dem Vermächtnis Beschwerte, also in der Regel der Erbe. Die Wahl kann aber auch dem Vermächtnisnehmer oder einem Dritten (z.B. Testamentsvollstrecker) übertragen werden. Im Zweifel, wenn also im Testament nichts anderes bestimmt wurde, steht das Wahlrecht dem Beschwerten zu.

Wahlrecht des Erben

In diesem Fall ist dem Erben die Auswahl des vermachten Gegenstands überlassen.

Formulierungsbeispiel

Ich vermache _____ [Vor- und Familiennamen des Vermächtnisnehmers einsetzen] eine

Eigentumswohnung. Der Erbe entscheidet, welche meiner Eigentumswohnungen dem Vermächtnisnehmer übertragen wird.

Wahlrecht des Vermächtnisnehmers

In diesem Fall darf der Vermächtnisnehmer den vermachten Gegenstand auswählen.

Formulierungsbeispiel

Ich vermache _____ [Vor- und Familiennamen des Vermächtnisnehmers einsetzen] eine Eigentumswohnung. Der Vermächtnisnehmer kann zwischen den Wohnungen in der _____straße und der ____straße [jeweils konkrete Beschreibung der Immobilien] wählen.

Bestimmungsvermächtnis

Mit einem Bestimmungsvermächtnis können Sie mehrere Personen in der Weise begünstigen, dass der Beschwerte (in der Regel der Erbe) oder ein Dritter zu bestimmen hat, wer aus dem von Ihnen bestimmten Personenkreis begünstigt werden soll.

Formulierungsbeispiel

_____ [Vor- und Familiennamen des Bestimmungs berechtigten einsetzen] soll bestimmen, welches unserer gemeinsamen Kinder _____, _____ und _____ [Vor- und Familiennamen der zur Auswahl stehenden Kinder einsetzen] _____ [konkrete Beschreibung des vermachten Gegenstands oder der vermachten Leistung, z.B. Wertpapiere] erhält.

Der Personenkreis, aus welchem der Bedachte ausgewählt werden soll, muss hinreichend bestimmt sein. Nicht notwendig ist es, dass objektive Kriterien angegeben werden, nach welchen der Bedachte zu bestimmen ist. Sie können die Auswahl des Bedachten auch dem freien Ermessen des Bestimmungsberechtigten überlassen und damit in dessen Belieben stellen.

Sie können in Ihrem Testament auch darauf verzichten, den Bestimmungsberechtigten zu benennen. In diesem Fall hat dann der mit dem Vermächtnis Beschwerte (in der Regel der Erbe) zu bestimmen, wer die Zuwendung erhalten soll.

Zweckvermächtnis

Bei einem Zweckvermächtnis können Sie sich darauf beschränken, bei der testamentarischen Anordnung des Vermächtnisses dessen Zweck zu bestimmen und im Übrigen die Bestimmung der Leistung dem billigen Ermessen des Beschwerten (in der Regel dem Erben) oder eines Dritten (z.B. Testamentsvollstrecker) überlassen.

Formulierungsbeispiel

Ich vermache _____ [Vor- und Familiennamen des Vermächtnisnehmers einsetzen] _____ [konkrete Beschreibung des vermachten Gegenstands oder der vermachten Leistung, z.B. dreimonatiger Studienaufenthalt in Florenz]. Über die Einzelheiten soll _____ [Vor- und Familiennamen des Bestimmungs berechtigten einsetzen] entscheiden.

Das Bestimmungsrecht kann sich nur auf den Gegenstand, die Bedingungen der Leistung und deren Zeit beziehen. In das freie Belieben des Bestimmungsberechtigten kann es nicht gestellt werden.

Es ist nicht möglich, dass Sie das Bestimmungsrecht auf den Vermächtnisnehmer übertragen.

Verschaffungsvermächtnis

Grundsätzlich bezieht sich ein Vermächtnis auf Gegenstände, die sich im Nachlass befinden und die aufgrund des Vermächtnisses an den Bedachten herauszugeben sind. Sie können einer Person auch einen Gegenstand vermachen, der zur Zeit des Erbfalls nicht zur Erbschaft gehört. In diesem Fall spricht man von einem Verschaffungsvermächtnis. Der Beschwerte hat in diesem Fall dem Bedachten den Gegenstand zu verschaffen.

Formulierungsbeispiel

_____ [Vor- und Familiennamen des Vermächtnisnehmers einsetzen] erhält als Vermächtnis _____ [konkrete Beschreibung des vermachten Gegenstands oder der vermachten Leistung, z.B. Erwerb eines Bauplatzes oder Finanzierung einer Reise].

Die Beschaffung des Vermächtnisgegenstands erfolgt aus den Mitteln des Nachlasses. Der beschwerte Erbe muss also nicht sein eigenes Vermögen einsetzen.

Ist der Beschwerte zur Beschaffung nicht imstande oder ist die Verschaffung nur mit unverhältnismäßigen Aufwendungen möglich, hat er dem Bedachten den Wert zu erstatten.

Forderungsvermächtnis

Mit einem Forderungsvermächtnis können Sie dem Vermächtnisnehmer einen Anspruch auf Übertragung einer Forderung (z.B. Sparbuch, Grundschuld, Anteile an einem Immobilienfonds) einräumen. Das Vermächtnis wird durch die Abtretung der Forderung nebst Zinsen seit dem Anfall an den Vermächtnisnehmer erfüllt.

Formulierungsbeispiel

_____ [Vor- und Familiennamen des Vermächtnisnehmers einsetzen] erhält vermächtnishalber das gesamte zum Zeitpunkt des Erbfalls bestehende Guthaben auf meinem Sparbuch _____ bei der _____ [konkrete Bezeichnung des Sparbuchs und der Bank].

Das Forderungsvermächtnis kann sich auch auf Zahlung eines bestimmten Geldbetrags beziehen. In diesem Fall gilt im Zweifel die entsprechende Geldsumme als vermacht, und zwar auch dann, wenn sich eine solche Summe in der Erbschaft nicht (mehr) befindet.

Untervermächtnis

Mit einem Vermächtnis können Sie auch einen Vermächtnisnehmer (Hauptvermächtnisnehmer) beschweren. In diesem Fall handelt es sich um ein sogenanntes Untervermächtnis. Das Untervermächtnis wird erst fällig, wenn der Hauptvermächtnisnehmer berechtigt ist, seinerseits die Erfüllung des Vermächtnisses zu verlangen.

Formulierungsbeispiel

_____ [Vor- und Familiennamen des Hautvermächtnisnehmers einsetzen] setze ich als Vermächtnis _____ [konkrete Bezeichnung des vermachten Gegenstands; z.B. Hausgrundstück] aus. Als Untervermächtnisnehmer erhält _____ [Vor- und Familiennamen des Untervermächtnisnehmers einsetzen] [Bezeichnung des Untervermächtnisses; z.B. lebenslanger unentgeltlicher Nießbrauch an dem Hausgrundstück].

Der Wert des Untervermächtnisses darf nicht über dem Wert des Hauptvermächtnisses liegen.

Nachvermächtnis

Sie können in Ihrem Testament auch mehrere Personen zeitlich hintereinander als Vermächtnisnehmer einsetzen. Man spricht dann von einem Nachvermächtnis. Zweck eines Nachvermächtnisses kann insbesondere sein, dass das Zugewendete im Familienbesitz bleiben soll.

Formulierungsbeispiel

_____ [Vor- und Familiennamen des Vermächtnisnehmers einsetzen] vermache ich _____ [konkrete Bezeichnung des Gegenstands, z.B. eine Eigentumswohnung oder ein Auto]. Nach seinem Tod soll _____ [konkrete Bezeichnung des Gegenstands] seinen Kindern zu gleichen Teilen gehören.

Hat der Vorvermächtnisnehmer den Anfall des Nachvermächtnisses beispielsweise durch Veräußerung oder Vernichtung des vermachten Gegenstands verhindert, kann der Nachvermächtnisnehmer Schadensersatz verlangen.

Sinnvoll kann es sein, zusätzlich zu einem Vor- und Nachvermächtnis eine Testamentsvollstreckung anzuordnen, durch die die Durchsetzung des Anspruchs des Nachvermächtnisnehmers sichergestellt wird.

Ersatzvermächtnis

Beim Ersatzvermächtnis wird angeordnet, dass für den Fall, dass der Vermächtnisnehmer das Vermächtnis ausschlagen oder vor dem Erbfall versterben sollte, der Ersatzvermächtnisnehmer den zugewendeten Gegenstand anstelle des Vermächtnisnehmers erhalten soll.

Formulierungsbeispiel

_____ [Vor- und Familiennamen des Vermächtnisnehmers einsetzen] erhält als Vermächtnis _____ [konkrete Bezeichnung des Gegenstands, z.B. eine Eigentumswohnung oder das Auto]. Sollte er zuvor versterben oder in sonstiger Weise wegfallen, bestimme ich, dass _____ [Vor- und Familiennamen des Ersatzvermächtnisnehmers einsetzen] Ersatzvermächtnisnehmer wird.

Die Berufung eines Ersatzvermächtnisnehmers kann auch kraft Gesetzes erfolgen, so insbesondere wenn der zunächst Bedachte ein Abkömmling des Erblassers ist und dieser nach der Errichtung des Testaments wegfällt.

Ist ein Ersatzvermächtnisnehmer aber nicht bereits kraft Gesetzes berufen, kommt dem Ersatzvermächtnis im Testament eine wichtige Bedeutung zu. Ohne Anordnung eines Ersatzvermächtnisses besteht die Gefahr, dass das Vermächtnis unwirksam ist, wenn der Bedachte zur Zeit des Erbfalls nicht mehr lebt.

Durch die Anordnung eines Ersatzvermächtnisses ist nicht sichergestellt, dass der Vorvermächtnisnehmer nicht den Vermächtnisgegenstand verkauft. Zwar hat der Ersatzvermächtnisnehmer Anspruch auf Schadensersatz, wenn der Vorvermächtnisnehmer dessen Anspruch schuldhaft vereitelt oder beeinträchtigt, gleichwohl kann der Vorvermächtnisnehmer wirksam über den zugewendeten Gegenstand verfügen. Durch Anordnung einer Testamentsvollstreckung, die sich auf das Vermächtnis bezieht, kann dies aber verhindert werden.

Gemeinschaftliches Vermächtnis

Sie können nicht nur einer Person, sondern auch mehreren Personen einen Vermächtnisgegenstand zuweisen. In diesem Fall handelt es sich dann um ein gemeinschaftliches Vermächtnis.

Formulierungsbeispiel

_____ und ____ [jeweils Vor- und Familiennamen der Vermächtnisnehmer einsetzen] vermache ich [konkrete Bezeichnung des Gegenstands, z.B. das Wertpapierdepot, eine Eigentumswohnung oder das Auto].

Die Anteile der Vermächtnisnehmer an dem vermachten Gegenstand können Sie in Ihrem Testament selbst festlegen oder dem Beschwerten (in der Regel dem Erben) oder einem Dritten (z.B. Testamentsvollstrecker) überlassen. Haben Sie im Testament keine Bestimmung getroffen, sind die Anteile gleich hoch.

Fällt ein Bedachter vor oder nach dem Erbfall weg (z.B. vor dem Erbfall durch Tod), kommt es zur sogenannten Anwachsung. In diesem Fall fällt der Anteil des weggefallenen Vermächtnisnehmers dem anderen Vermächtnisnehmer zu. Sie können allerdings für diesen Fall in Ihrem Testament für den weggefallenen Vermächtnisnehmer einen Ersatzvermächtnisnehmer einsetzen und so die Anwachsung verhindern.

Nießbrauchsvermächtnis

Wollen Sie einer Person nicht das Eigentum an einer Sache zukommen lassen, sondern nur die **Nutzung für eine gewisse Zeit** oder lebenslang, kommt ein Nießbrauchsvermächtnis in Betracht. Dem Begünstigten steht dann lediglich die Nutzung zu. Über den Gegenstand selbst kann er nicht verfügen.

Einen Nießbrauch können Sie einem Vermächtnisnehmer an unterschiedlichen Vermögenswerten einräumen, beispielsweise

- an einem unbebauten oder bebauten Grundstück: der Nießbraucher kann das Grundstück dann entweder selbst nutzen oder es vermieten bzw. verpachten und die Miete bzw. Pacht für sich vereinnahmen und verbrauchen;
- an einem Bankguthaben: dem Nießbraucher stehen dann die Zinsen zu;
- an einem ganzen Vermögen, etwa einem Nachlass, an einem Unternehmen oder an einer Unternehmensbeteiligung, etwa an einem GmbH-Anteil: Dem Nießbraucher stehen dann die darauf entfallenden Gewinnanteile zu.

Formulierungsbeispiel

Im Wege eines Vermächtnisses erhält _____ [Vor- und Familiennamen des Vermächtnisnehmers einsetzen] den lebenslangen unentgeltlichen Nießbrauch an dem Hausgrundstück Nr. _____ in _____, _____straße, eingetragen im Grundbuch von _____, Band _____, Blatt Nr. _____, Flurstücksnummer _____.

Die Ausübung des Nießbrauchs ist nicht übertragbar und vererbbar und kann anderen nicht überlassen werden.

Der Nießbraucher hat alle mit dem Nießbrauchsgegenstand verbundenen privaten und öffentlichen Aufwendungen und Lasten, auch die außerordentlichen Lasten zu tragen, soweit dies gesetzlich zulässig ist.

Ebenso hat er die außergewöhnlichen und zur Substanzerhaltung erforderlichen Ausbesserungen und Erneuerungen zu tragen wie diese der Eigentümer kraft Gesetzes zu tragen hätte.

Im Übrigen gelten die gesetzlichen Bestimmungen zum Nießbrauch.

Als dingliches Recht entsteht das Nießbrauchsrecht erst mit der Erfüllung, also mit der Einigung und der Eintragung im Grundbuch. Die Eintragung bedarf neben dem Eintragungsantrag der Bewilligung des Eigentümers.

Spätestens mit dem Tod des Nießbrauchers erlischt das Recht.

Rentenvermächtnis

Die Gewährung einer lebenslangen oder zeitlich befristeten Rente dient dazu, den Ehegatten, einen nichtehelichen Partner, einen Verwandten oder eine sonstige Person zu versorgen. Mit einem Rentenvermächtnis können Sie einem Begünstigten periodisch wiederkehrende Leistungen in Geld vermachen.

Neben der Höhe der Rente sind insbesondere der Beginn der Leistungspflicht und die Fälligkeit zu regeln.

Zeitlich befristete Rente

Das Rentenvermächtnis kann zeitlich befristet werden.

Formulierungsbeispiel

_____ [Vor- und Familiennamen des Vermächtnisnehmers einsetzen] setze ich bis zur Vollendung seines 25. Lebensjahrs ein Geldvermächtnis in Höhe von _____ Euro aus, zahlbar in monatlichen Raten von jeweils _____ Euro, beginnend am _____ [Datum einsetzen].

Lebenslange Rente

Dem Vermächtnisnehmer kann ein Anspruch auf eine lebenslange Rente eingeräumt werden.

Formulierungsbeispiel

_____ [Vor- und Familiennamen des Vermächtnisnehmers einsetzen] setze ich ein lebenslanges Geldvermächtnis in Höhe von _____ Euro aus, zahlbar in monatlichen Raten von jeweils _____ Euro, beginnend am _____ [Datum einsetzen].

Wertsicherung

Werden dem Vermächtnisnehmer Rentenansprüche auf Lebenszeit eingeräumt, sollte die Rentenhöhe an die allgemeine Preissteigerung gekoppelt werden. Denn nur dann bleibt die Rente über die gesamte Dauer wertbeständig.

Formulierungsbeispiel

Die Höhe der ausgesetzten Rente ist gemäß dem Preisindex des Statistischen Bundesamtes für die Lebenshaltung eines 4-Personen-Haushaltes mit mittlerem Einkommen anzupassen. Von der Anpassung sind die im Zeitraum bis zu meinem Ableben als auch die danach eintretenden Änderungen betroffen. Der Preisindex beträgt gegenwärtig _____ (2020 = 100). Anpassungen sollen aber jeweils nur dann erfolgen, wenn die Änderung mehr als 10 % der jeweils letzten Höhe beträgt.

Wohnungsrechtsvermächtnis

Mit einem Wohnungsrechtsvermächtnis kann einer Person ein dingliches Wohnungsrecht eingeräumt werden. Dieses beinhaltet das Recht, ein Gebäude oder einen Teil eines Gebäudes als Wohnung zu benutzen. Anders als der Nießbrauch (vgl. dazu oben) kann Inhalt eines Wohnungsrechts nur die Nutzung zu Wohnzwecken sein.

Formulierungsbeispiel

_____ [Vor- und Familiennamen des Vermächtnisnehmers einsetzen] erhält im Wege des Vermächtnisses ein lebenslanges und unentgeltliches dingliches Wohnungsrecht an _____ [Vermächtnisgegenstand einsetzen, z.B. Dachgeschosswohnung des Zweifamilienhauses in _____, eingetragen im Grundbuch von _____, Band _____, Blatt _____, Flurstücksnummer _____].

Die Wohnung darf sowohl vermietet als auch anderen Personen unentgeltlich überlassen werden. Ferner ist der Vermächtnisnehmer berechtigt, die zum gemeinschaftlichen Gebrauch der Hausbewohner bestimmten Anlagen und Einrichtungen, insbesondere den Keller, den Speicher und den Garten, mitzubenutzen.

Die laufenden Nebenkosten für Beheizung, Strom, Wasser, Kanal, Gas, Müllabfuhr, Kaminkehrer sowie die Kosten für die Schönheitsreparaturen in der Wohnung hat der Vermächtnisnehmer zu tragen. Alle anderen Kosten, insbesondere für die Instandhaltung und Pflege des Gebäudes, trägt der Eigentümer.

Als dingliches Recht entsteht das Wohnungsrecht erst mit der Erfüllung, also mit der Einigung und der Eintragung im Grundbuch. Die Eintragung bedarf neben dem Eintragungsantrag der Bewilligung des Eigentümers.

3.5.3 Absicherung der Erfüllung des Vermächtnisses

Nicht selten ist ein mit einem Vermächtnis Beschwerter – selbst nach rechtskräftiger Verurteilung – nur widerwillig bereit, nach Anfall und Fälligkeit des Vermächtnisses dieses auch tatsächlich zu erfüllen. Wenn Sie sicherstellen wollen, dass dem Vermächtnisnehmer tatsächlich die Zuwendung zukommt, sollten Sie durch eine entsprechende testamentarische Verfügung die Erfüllung des Vermächtnisses sicherstellen. In Betracht kommt insbesondere die Bevollmächtigung des Bedachten oder die Einsetzung eines Testamentsvollstreckers.

Bevollmächtigung des Vermächtnisnehmers

Sie können den Vermächtnisnehmer bevollmächtigen, sich nach dem Erbfall den Vermächtnisgegenstand selbst zu übertragen. Die Erteilung der Vollmacht kann unmittelbar im Testament oder in einer gesonderten Vollmachtsurkunde erfolgen.

Formulierungsbeispiel

Zur Erfüllung des zu seinen Gunsten angeordneten Vermächtnisses erhält der Vermächtnisnehmer hiermit auf den Todesfall unwiderruflich Vollmacht unter Befreiung der Beschränkungen des § 181 BGB.

Weil die Gefahr besteht, dass die Vollmacht nach Eintritt des Erbfalls von den Erben widerrufen wird, ist die Einsetzung eines Testamentsvollstreckers sicherer.

Einsetzung eines Testamentsvollstreckers

Sie können den Vermächtnisnehmer zum Testamentsvollstrecker mit der alleinigen Aufgabe einsetzen, nach dem Erbfall das Vermächtnis gegenüber sich selbst zu erfüllen.

Formulierungsbeispiel

Um sicherzustellen, dass das testamentarisch angeordnete Vermächtnis erfüllt wird, ordne ich Testamentsvollstreckung an. Weitere Aufgaben hat der Testamentsvollstrecker nicht.

Die Beschränkung des Testamentsvollstreckers auf die Erfüllung des Vermächtnisses wird im Testamentsvollstreckerzeugnis angegeben.

Zur Anordnung einer Testamentsvollstreckung vgl. auch 3.9.

3.6 Anordnung von Verpflichtungen des Erben (Auflagen)

Sie können Ihre Erben oder Vermächtnisnehmer in Ihrem Testament zu einer Leistung verpflichten, ohne einem anderen ein Recht auf die Leistung zuzuwenden. Im Gegensatz zur Erbeinsetzung und zum Vermächtnis braucht der Inhalt einer Auflage keine Zuwendung zu sein, sondern mit ihr wird eine Verpflichtung auferlegt, ohne dass einem Bedachten ein Anspruch eingeräumt wird. Gleichwohl kann mit einer Auflage auch eine Zuwendung verbunden sein und eine Person begünstigt werden. Im Gegensatz zum Vermächtnisnehmer hat aber die durch eine Auflage begünstigte Person keinen Anspruch auf die Leistung.

3.6.1 Checkliste: Auflage

Gründe für die Anordnung

Für die Anordnung einer Auflage können verschiedene Gründe in Betracht kommen, u.a.:

Weil eine Auflage keinen Begünstigten voraussetzt, können Sie mit ihr eigene Zwecke für die Zeit nach Ihrem Tod verfolgen und so auch auf das Verhalten der von Ihnen mit Zuwendungen bedachten Personen über Ihren Tod hinaus Einfluss nehmen (z.B. Verpflichtung zur Grabpflege).

Wie beim Vermächtnis können Sie einem Begünstigten eine Zuwendung zukommen lassen, ohne diesem allerdings einen Anspruch auf die

Leistung einzuräumen. Damit setzen Sie Ihre Erben nicht – wie beim Vermächtnis – dem Druck des mit der Auflage Bedachten aus.

Wie gesagt, ist bei der Auflage kein unmittelbar Berechtigter erforderlich. Deshalb können mit diesem Gestaltungsmittel auch Zuwendungen an nicht rechtsfähige Begünstigte erfolgen (z.B. nicht rechtsfähige Personenvereinigungen, Tiere).

Bestimmung des Gegenstands

Vgl. dazu 3.6.2.

Begünstigter

Aus der Auflage muss sich nicht der Begünstigte bzw. der begünstigte Personenkreis ergeben, es ist vielmehr ausreichend, wenn Sie den Zweck der Auflage hinreichend beschreiben, während Sie es dem Beschwerten oder einem Dritten (z.B. einem Testamentsvollstrecker) überlassen, den konkreten Leistungsgegenstand näher zu bestimmen.

Beschwerter

Mit einer Auflage können Sie Erben und Miterben, ferner Vermächtnisnehmer beschweren. Haben Sie den Beschwerten im Testament nicht benannt, muss der Erbe die Auflage erfüllen.

Vollziehungsberechtigter

Weil bei einer Auflage kein Begünstigter vorhanden sein muss bzw. einem Begünstigten kein Anspruch auf die Erfüllung der Auflage zusteht, ist gesetzlich der Personenkreis festgelegt, der vom Beschwerten die Vollziehung der Auflage verlangen kann.

Der Erbe kann Vollziehung der Auflage verlangen, wenn ein Vermächtnisnehmer beschwert ist. Ein Miterbe kann die Vollziehung verlangen, wenn ein anderer Miterbe durch die Auflage beschwert ist.

Auch alle Personen, denen der Wegfall des mit der Auflage zunächst Beschwerten unmittelbar zustattenkommen würde, können die Vollziehung der Auflage verlangen.

Fälligkeit

Wann die Auflage vom Beschwerten zu erfüllen ist, bestimmen Sie in Ihrem Testament. Andernfalls tritt die Fälligkeit der Auflage mit dem Tod des Beschwerten ein.

Absicherung der Aufgabenerfüllung

Vgl. dazu 3.6.3.

3.6.2 Inhalt der Auflage

Mit einer Auflage kann der Beschwerte zu einem bestimmten Verhalten veranlasst werden. Es ist nicht notwendig, dass die Leistung einer anderen Person zugutekommt. Es muss sich auch nicht um eine vermögenswerte Leistung handeln. Die Zuwendung von Geld- und Sachleistungen kann in verschiedenen Arten und Formen erfolgen.

Auflagen ohne und mit Begünstigung

Mit einer Auflage kann der Erblasser den Beschwerten zu einem Tun oder Unterlassen veranlassen. Um vermögenswerte Leistungen muss es sich dabei nicht handeln. Auflagen ohne Begünstigung können beispielsweise die Grabpflege, die Unterlassung der Veräußerung eines Nachlassgegenstands oder die Pflicht, ein Tier zu pflegen und zu versorgen, betreffen.

Durch eine Auflage kann einem Begünstigten ein Vermögensvorteil zugewendet werden. Im Gegensatz zum Vermächtnis hat der Begünstigte jedoch grundsätzlich keinen Anspruch auf die Leistung. Die Vollziehung einer Auflage können nur der Erbe, der Miterbe und derjenige verlangen, welchem der Wegfall des mit der Auflage zunächst Beschwerten unmittelbar zustattenkommen würde.

Sie müssen testamentarisch mindestens den Inhalt der Leistungspflicht bestimmen.

In der Verfügung muss die Verpflichtung des Beschwerten, diese auszuführen, zum Ausdruck kommen. Sie darf also nicht als bloßer Wunsch ohne Bindungswillen formuliert werden.

Die Auflage im Testament muss klar und eindeutig formuliert werden. Die Verpflichtung muss allerdings im Testament nicht als »Auflage« ausdrücklich bezeichnet werden.

Eindeutig geregelt werden sollte auch, wer mit der Auflage beschwert wird. Fehlt eine entsprechende Bestimmung, so gilt der Erbe als beschwert.

Auflage ohne Begünstigung

In der Auflage ohne Begünstigung kann der Beschwerte verpflichtet werden, eine Handlung zu unterlassen, oder es kann ein bestimmtes Verhalten gefordert werden.

Wollen Sie sicherstellen, dass die Auflage erfüllt wird, ist es sinnvoll, einen Testamentsvollstrecker mit der Aufgabe einzusetzen, die Einhaltung der Auflage zu überwachen (vgl. dazu 3.6.3).

Formulierungsbeispiele

Ich bestimme _____ [Vor- und Familiennamen des Erben einsetzen] zum Alleinerben. Das im Nachlass befindliche Anwesen _____ [genaue Bezeichnung der Immobilie] darf er nach der Übernahme zehn Jahre lang nicht veräußern.

[Oder]

Meinen Erben mache ich zur Auflage, meine Grabstätte entsprechend den örtlichen Gepflogenheiten zu pflegen und zu schmücken.

Auflage mit Begünstigung

Nur bei einer Auflage mit Begünstigung gibt es neben dem Beschwerten auch einen Begünstigten, der in der testamentarischen Verfügung bezeichnet werden muss. Anders als ein Vermächtnisnehmer hat der durch eine Auflage Begünstigte jedoch keinen Anspruch auf die Leistung des Beschwerten.

Sinnvoll ist es, testamentarisch einen Testamentsvollstrecker einzusetzen, der gegebenenfalls gegenüber dem Beschwerten die Leistung an den Begünstigten durchsetzt (vgl. dazu 3.6.3).

Formulierungsbeispiele

Meinen Erben mache ich zur Auflage, _____ Euro an den _____verein [konkrete Bezeichnung des Vereins] zu zahlen.

[Oder]

Meine Erben sind im Rahmen einer Auflage verpflichtet, an meinen Neffen, _____ [Vor- und Familiennamen einsetzen], der meinen Hund versorgen soll, einmalig _____ Euro zu zahlen.

[Oder]

Ich bestimme meinen Sohn _____ [Vor- und Familiennamen des Erben einsetzen] zum Alleinerben. Ich mache ihm zur Auflage, seine Schwester _____ [Vor- und Familiennamen einsetzen] zu 40 % an den Roheinnahmen des Hauses zu beteiligen, solange ihm das Haus gehört.

Stückauflage

Mit einer Stückauflage können Sie einer Person einen bestimmten Gegenstand zuwenden. Gegenstand der Auflage ist meist eine Sache, in Betracht kommen aber auch eine Forderung oder ein Recht. Beispielsweise können Sie Ihre Erben verpflichten, einem Freund Ihre Briefmarkensammlung auszuhändigen.

Formulierungsbeispiel

Meinen Erben mache ich zur Auflage, _____ [Vor- und Familiennamen des Begünstigten einsetzen] das Eigentum an _____ [konkrete Bezeichnung des Gegenstands, z. B. die Briefmarkensammlung, das Wertpapierdepot, das Jagdgewehr oder das Auto] zu übertragen.

Voraussetzung für die Wirksamkeit der Stückauflage ist, dass der Gegenstand zum Zeitpunkt des Erbfalls zum Nachlass gehört. Der maßgebliche Zeitpunkt ist also der Zeitpunkt des Erbfalls und nicht der Zeitpunkt der Testamentserrichtung.

Gattungsauflage

Bei einer Gattungsauflage beschränken Sie sich darauf, den Gegenstand der Auflage nur der Gattung nach, also nach bestimmten Merkmalen, zu bestimmen und die Gattungsmerkmale zu beschreiben.

Formulierungsbeispiel

Dem Erben mache ich zur Auflage, _____ [Vor- und Familiennamen des Begünstigten einsetzen] _____ [Bestimmung der Gattung des geschuldeten Gegenstands, z. B. ein Auto, ein Kleid oder einen Pelzmantel] auszuhändigen. Der Begünstigte darf sich den vermachten Gegenstand selbst auswählen. Die Auswahl muss innerhalb von drei Monaten nach Eintritt des Erbfalls getroffen werden. Andernfalls geht das Auswahlrecht auf den Erben über.

Wer die Sache auszuwählen hat, bestimmen in erster Linie Sie in Ihrem Testament. In Betracht kommen der Erbe, der Begünstigte oder ein Dritter (z.B. ein Testamentsvollstrecker). Haben Sie keine Festlegung getroffen, hat der Beschwerte (in der Regel der Erbe) das Auswahlrecht.

Zweckauflage

Ordnen Sie in Ihrem Testament eine Zweckauflage an, beschränken Sie sich darauf, den Zweck der Auflage festzulegen, während Sie es dem Beschwerten oder einem Dritten (z.B. einem Testamentsvollstrecker) überlassen, die Leistung zu bestimmen. Bei einer Zweckauflage kann es auch dem Beschwerten oder dem Dritten überlassen werden, an welche Person die Leistung erfolgen soll.

Formulierungsbeispiel

Dem Erben mache ich zur Auflage, _____ [Vor- und Familiennamen des Begünstigten einsetzen] _____ [konkrete Beschreibung des Gegenstands der Auflage oder der Leistung, z.B. dreimonatiger Studienaufenthalt in Florenz zu bezahlen]. Über die Einzelheiten soll _____ [Vor- und Familiennamen des Bestimmungsberechtigten einsetzen] entscheiden.

Das Bestimmungsrecht kann sich nur auf den Gegenstand, die Bedingungen der Leistung und deren Zeit beziehen. In das freie Belieben des Bestimmungsberechtigten kann es nicht gestellt werden.

Es ist nicht möglich, dass Sie das Bestimmungsrecht auf den Begünstigten übertragen.

Wahlauflage

Sie können eine Auflage auch in der Weise anordnen, dass der Begünstigte von mehreren Gegenständen nur den einen oder anderen erhalten soll. Dem Begünstigten wird also im Rahmen der Auflage eine Wahlmöglichkeit eingeräumt. Er muss sich für einen der betreffenden Gegenstände entscheiden; er kann also nur eine Sache oder mehrere Sachen aussuchen, während die restlichen Gegenstände in die Erbmasse fließen.

Wahlberechtigt ist in erster Linie der mit der Auflage Beschwerte, also in der Regel der Erbe. Die Wahl kann aber auch einem Dritten (z.B. einem Testamentsvollstrecker) übertragen werden. Im Zweifel steht das Wahlrecht dem Beschwerten zu.

Wahlrecht des Erben

In diesem Fall ist dem Erben die Auswahl des Gegenstands der Auflage überlassen.

Formulierungsbeispiel

Dem Erben mache ich zur Auflage, _____ [Vor- und Familiennamen des Begünstigten einsetzen] das Eigentum an einer Eigentumswohnung zu übertragen. Der Erbe entscheidet, welche meiner Eigentumswohnungen dem Begünstigten übertragen wird.

Wahlrecht des Begünstigten

In diesem Fall darf der Begünstigte den Gegenstand auswählen.

Formulierungsbeispiel

Dem Erben mache ich zur Auflage, _____ [Vor- und Familiennamen des Begünstigten einsetzen] das Eigentum an einer Eigentumswohnung zu übertragen. Der Begünstigte kann zwischen den Wohnungen in der _____straße und der ____straße [jeweils konkrete Beschreibung der Immobilien] wählen.

Verschaffungsauflage

Als Verschaffungsauflage wird eine Auflage bezeichnet, durch die dem Beschwerten aufgegeben wird, eine Sache zu beschaffen, die zum Zeitpunkt des Erbfalls nicht zur Erbschaft gehört (z.B. Erwerb eines Autos für den Begünstigten).

Formulierungsbeispiel

_____ [Vor- und Familiennamen des Begünstigten einsetzen] erhält im Wege einer Auflage an meine Erben _____ [konkrete Beschreibung des Gegenstands der Auflage, z.B. Erwerb eines Bauplatzes oder Finanzierung einer Reise].

Die Beschaffung des Gegenstands der Auflage erfolgt aus den Mitteln des Nachlasses. Der beschwerte Erbe muss also nicht sein eigenes Vermögen einsetzen.

Ist der Beschwerte zur Beschaffung nicht imstande oder ist die Verschaffung nur mit unverhältnismäßigen Aufwendungen möglich, hat er dem Begünstigten den Wert zu erstatten.

Ersatzauflage

Durch eine Ersatzauflage können Sie eine Person zum (Ersatz-)Begünstigten bestimmen, wenn die zunächst begünstigte Person vor oder nach dem Erbfall wegfällt.

Formulierungsbeispiel

Meinen Erben mache ich zur Auflage, das Eigentum an _____ [konkrete Bezeichnung des Gegenstands, z.B. die Briefmarkensammlung, das Wertpapierdepot, das Jagdgewehr oder das Auto] zu übertragen. Sollte der Begünstigte zuvor versterben oder in sonstiger Weise wegfallen, bestimme ich _____ [Vor- und Familiennamen des Ersatzbegünstigten einsetzen] zum Begünstigten der Auflage.

Gibt es, wenn der testamentarisch Begünstigte wegfällt, keinen Ersatzbegünstigten, kann die Auflage nicht vollzogen werden.

3.6.3 Absicherung der Erfüllung von Auflagen

Weil bei einer Auflage kein Begünstigter vorhanden sein muss bzw. einem Begünstigten kein Anspruch auf die Erfüllung der Auflage zusteht, ist gesetzlich der Personenkreis festgelegt, der vom Beschwerten die Vollziehung der Auflage verlangen kann. Darüber hinaus kann es sinnvoll sein, einen Testamentsvollstrecker zu ernennen und ihm die Aufgabe zu übertragen, die Erfüllung der Auflage zu überwachen.

Formulierungsbeispiel

Um sicherzustellen, dass die testamentarisch verfügte Auflage erfüllt wird, ordne ich Testamentsvollstreckung an. Der Testamentsvollstrecker hat die Auflage zu überwachen. Weitere Aufgaben obliegen ihm nicht.

Die Beschränkung des Testamentsvollstreckers auf die Erfüllung der Auflage wird im Testamentsvollstreckerzeugnis angegeben.

Zur Anordnung einer Testamentsvollstreckung vgl. auch 3.9.

3.7 Anordnungen für die Auseinandersetzung der Erbengemeinschaft (Teilungsanordnung)

Wenn Sie in Ihrem Testament mehrere Erben einsetzen, entsteht mit dem Erbfall zwangsläufig eine Erbengemeinschaft. Der Nachlass ist dann gemeinschaftliches Vermögen der Erben. Jedem Miterben steht der im Testament festgelegte Bruchteil des Nachlasses zu. Ein Miterbe allein kann nicht über einzelne Nachlassgegenstände verfügen. Wenn Sie Regelungen treffen wollen, wie Ihre Erben die einzelnen Vermögensgegenstände untereinander aufteilen sollen, müssen Sie eine Teilungsanordnung treffen.

3.7.1 Checkliste: Teilungsanordnung

Gründe

Weil eine gegenständliche Erbeinsetzung nicht zulässig ist (vgl. dazu 3.2.1), können Sie durch eine Teilungsanordnung über die Erbeinsetzung hinaus Regelungen über die Verteilung der Nachlassgegenstände unter Ihren Miterben treffen und so die Aufteilung des Nachlasses beeinflussen.

Da jeder Miterbe die Auseinandersetzung der Erbengemeinschaft verlangen kann, besteht die Gefahr, dass bei Uneinigkeit und Streit wirtschaftliche Werte zerschlagen werden. Deshalb kann es sinnvoll sein, dass Sie selbst Vermögensgegenstände an die Miterben zuweisen.

Teilungsanordnung unter Anrechnung auf den Erbteil des Miterben

Durch eine Teilungsanordnung wird der dem Miterben zustehende Erbteil lediglich konkretisiert. Sie führt aber wertmäßig zu keiner über den Erbteil hinausgehenden Zuwendung.

Erhält ein Miterbe bei einer Teilungsanordnung mehr als ihm nach seinem Erbteil zusteht, ist er gegenüber den anderen Miterben ausgleichspflichtig (vgl. dazu 3.7.2).

Teilungsanordnung ohne Anrechnung auf den Erbteil des Miterben (Vorausvermächtnis)

Wünschen Sie, dass bei einer Zuwendung an einen Miterben im Wege der Teilungsanordnung kein Ausgleich stattfindet, müssen Sie ein sogenanntes Vorausvermächtnis anordnen. In diesem Fall muss sich der Miterbe die im Wege des Vorausvermächtnisses vermachten Gegenstände nicht auf seinen Erbteil anrechnen lassen (vgl. dazu 3.7.2).

Sicherstellung der Erfüllung

Eine Teilungsanordnung hat nur schuldrechtliche Wirkung, sie führt aber nicht von selbst zur Aufteilung des Nachlasses. Die Erben sind also, wenn sie sich untereinander einig sind, nicht gehindert, eine andere Verteilung vorzunehmen.

Wollen Sie sicherstellen, dass Ihre Teilungsanordnung tatsächlich umgesetzt wird, müssen Sie entsprechende testamentarische Vorkehrungen treffen (vgl. dazu 3.7.3).

3.7.2 Inhalt der Teilungsanordnung

Teilungsanordnungen können testamentarisch unter Anrechnung auf den Erbteil oder ohne Ausgleich eines etwaigen Mehrwerts in Form eines Vorausvermächtnisses bestimmt werden.

Teilungsanordnung unter Anrechnung auf den Erbteil

Eine Teilungsanordnung ändert nichts an den Bruchteilen, zu denen ein Miterbe am Nachlass beteiligt ist. Sie führt also nicht zu einer wertmäßigen Beteiligung des Miterben am Nachlass. Der Miterbe muss sich daher den Wert des Nachlassgegenstands auf seinen Erbteil anrechnen lassen.

Formulierungsbeispiel

Zu meinen Erben setze ich _____ und __________ [Vor- und Familiennamen des jeweiligen Miterben einsetzen] zu jeweils gleichen Teilen ein. Die Nachlassgegenstände teile ich meinen Miterben wie folgt zu:

_____ [Vor- und Familiennamen des Miterben einsetzen] erhält unter Anrechnung auf seinen Erbteil das Hausgrundstück _____ [genaue Bezeichnung der Immobilie].

_____ [Vor- und Familiennamen des Miterben einsetzen] erhält unter Anrechnung auf seinen Erbteil die Eigentumswohnung _____ [genaue Bezeichnung der Immobilie] und mein Guthaben auf dem Sparbuch _____ bei der _____ [genaue Bezeichnung des Sparbuchs und der Bank].

Der jeweils anzurechnend e Wert für die Immobilien ist auf Kosten des Nachlasses durch ein Verkehrswertgutachten des örtlichen Gutachterausschusses zu ermitteln.

Wichtig ist, dass Sie im Testament zum Ausdruck bringen, dass Sie keine Änderung der Erbteile der Miterben wünschen. Sie können sich zwar im Testament ohne näheren Hinweis darauf beschränken, den Miterben bestimmte Nachlassgegenstände zuzuweisen; um jeglichen Zweifel zu vermeiden, ist es jedoch sinnvoll, ausdrücklich darauf hinzuweisen, dass die Zuteilung von Nachlassgegenständen jeweils unter Anrechnung auf den Erbteil des jeweiligen Miterben erfolgt.

Der Erbe muss sich den Wert des ihm zugewendeten Nachlassgegenstands voll auf seinen Erbteil anrechnen lassen. Ist der Wert des zugewiesenen Gegenstands höher als der Erbteil, muss der Ausgleich mit den anderen Erben aus dem Privatvermögen des Erben erfolgen.

Teilungsanordnung ohne Anrechnung auf den Erbteil (Vorausvermächtnis)

Kraft Gesetzes führt eine Teilungsanordnung nicht zu einer Verschiebung der wertmäßigen Beteiligung der Miterben am Nachlass. Deshalb ist ein Miterbe, der durch die Zuweisung eines Nachlassgegenstands wertmäßig mehr erhält als seinem Erbteil entspricht, den anderen Miterben zum Ausgleich der Differenz verpflichtet.

In Ihrem Testament können Sie jedoch Ausgleichsansprüche unter den Miterben ausschließen. In diesem Fall findet dann keine Anrechnung auf den Erbteil statt, wenn einem Miterben ein Vermögensvorteil über seinen Erbteil hinaus zugewendet wird. Man spricht in diesem Fall von einer wertverschiebenden Teilungsanordnung. Letztlich handelt es sich dabei allerdings um ein Vorausvermächtnis.

Formulierungsbeispiel

Ich setze zu meinen alleinigen Erben je hälftig meine beiden Kinder _____ und _____ [Vor- und Familiennamen des jeweiligen Miterben einsetzen] ein. Für die Teilung des Nachlasses unter den beiden Miterben bestimme ich in Form einer Teilungsanordnung und für den über den jeweiligen Erbteil hinausgehenden Wert als Vorausvermächtnis:

_____ [Vor- und Familiennamen des Miterben einsetzen] erhält im Wege der Teilungsanordnung mein Hausgrundstück _____ [genaue Bezeichnung der Immobilie].

_____ [Vor- und Familiennamen des Miterben einsetzen] erhält im Wege der Teilungsanordnung meine Eigentumswohnung _____ [genaue Bezeichnung der Immobilie].

Der jeweils anzurechnende Wert für die Immobilien ist auf Kosten des Nachlasses durch ein Verkehrswertgutachten des örtlichen Gutachterausschusses zu ermitteln.

Der Restnachlass ist entsprechend den Erbquoten zu gleichen Teilen unter meinen Kindern aufzuteilen.

Falls dadurch einer meiner Erben wertmäßig mehr erhält als es seiner Erbquote entspricht, so wird ihm dieser Überschuss als Vorausvermächtnis zugewandt. Es soll kein Ausgleich unter den Erben stattfinden. Die jeweilige Zuwendung erfolgt also ohne Anrechnung auf den jeweiligen Erbteil des Miterben.

Im Testament muss ausdrücklich bestimmt werden, dass im Rahmen der Zuwendung von Nachlassgegenständen kein wertmäßiger Ausgleich unter den Miterben stattfinden, eine Anrechnung auf die Erbteile der einzelnen Miterben also unterbleiben soll.

In diesem Fall muss Ihnen allerdings bewusst sein, dass Sie einen Miterben gegenüber den anderen Miterben begünstigen.

Zum Vorausvermächtnis vgl. 3.5.2.

3.7.3 Absicherung der Erfüllung der Teilungsanordnung

Mit einer Teilungsanordnung können Sie zwar verfügen, dass der Nachlass entsprechend Ihren Anordnungen unter den Erben aufgeteilt wird, Ihre Anordnungen führen aber nicht von selbst zur Aufteilung. Die Erben sind also, wenn sie sich untereinander einig sind, nicht gehindert, eine andere Verteilung vorzunehmen. Wenn Sie sicherstellen wollen, dass Ihre Teilungsanordnung tatsächlich umgesetzt wird, müssen Sie entsprechende testamentarische Vorkehrungen treffen.

Einsetzung eines Testamentsvollstreckers

Sie können einen Testamentsvollstrecker einsetzen und diesem die Durchführung der Teilungsanordnung übertragen. Zur Anordnung der Testamentsvollstreckung vgl. 3.9.

Formulierungsbeispiel

Ich ordne Testamentsvollstreckung an. Der Testamentsvollstrecker hat die Aufgabe, den Nachlass entsprechend meinen Anordnungen zu verteilen. Zum Testamentsvollstrecker bestimme ich _____ [Vor- und Familiennamen des Testamentsvollstreckers einsetzen].

Bedingte Erbeinsetzung

Sie können die Einsetzung der Erben im Testament mit der Bedingung verknüpfen, dass diese die Teilungsanordnung einhalten. Verstoßen die Erben gegen diese Bedingung, müssen sie die Erbschaft wieder herausgeben (vgl. dazu 3.2.4).

Formulierungsbeispiel

Soweit ein Erbe gegen meine Teilungsanordnung verstößt, _____ [Folgen des Verstoßes eintragen; z. B. treten an die Stelle des eingesetzten Miterben dessen Abkömmlinge oder wächst dessen Erbteil den anderen Miterben zu].

3.8 Ausschluss der Auseinandersetzung der Erbengemeinschaft (Teilungsverbot)

Jeder Miterbe kann nach Eintritt des Erbfalls eine Auseinandersetzung, also die Aufteilung des Nachlasses verlangen. Wollen Sie als Erblasser das verhindern, können Sie durch eine entsprechende testamentarische Verfügung die Auseinandersetzung des Nachlasses oder einzelner Nachlassgegenstände ausschließen. Ein solches Teilungsverbot unterliegt jedoch sachlichen und zeitlichen Beschränkungen.

3.8.1 Checkliste: Teilungsverbot

Gründe

Mit einem Teilungsverbot können Sie das Vermögen oder Teile davon als Einheit erhalten oder eine vorschnelle Verschleuderung des Nachlasses verhindern. Sie können aber auch gewährleisten, dass Ihre Erben den Nachlass erst dann unter sich aufteilen, wenn sie ein bestimmtes Alter erreicht haben. Und der Ausschluss der Erbauseinandersetzung kommt auch dann in Betracht, wenn Sie einzelnen Miterben Zeit geben wollen, die Auszahlung anderer Miterben zu finanzieren.

Dauer

Das Teilungsverbot ist auf bestimmte Zeit oder auf Dauer zulässig.

Ein nur auf Zeit angeordnetes testamentarisches Teilungsverbot tritt im Zweifel mit dem Tod eines Miterben außer Kraft.

Die längstmögliche Frist für die Dauer eines Teilungsverbots beträgt grundsätzlich 30 Jahre.

Grenzen

Trotz Teilungsverbots kann ein Miterbe die Auseinandersetzung verlangen, wenn ein wichtiger Grund vorliegt. Ein wichtiger Grund kann beispielsweise die Verschlechterung des Nachlasses oder die Verfeindung der Miterben sein.

Rechtsfolge

Rechtsfolge der Anordnung der Auseinandersetzung ist, dass kein Miterbe gegen die übrigen Miterben einen Anspruch auf Teilung des Nachlasses hat.

Sicherstellung der Erfüllung

Ein Teilungsverbot hat nur schuldrechtliche Wirkung. Sind sich die Erben untereinander einig, können sie sich über das Verbot hinwegsetzen und den Nachlass verteilen.

Wollen Sie sicherstellen, dass das Teilungsverbot tatsächlich umgesetzt wird, müssen Sie entsprechende testamentarische Vorkehrungen treffen (vgl. dazu 3.8.3).

3.8.2 Inhalt des Teilungsverbots

Ein testamentarisches Teilungsverbot kann sich auf den gesamten Nachlass oder nur auf bestimmte Nachlassgegenstände beziehen. Es kann befristet oder auf Dauer angeordnet werden.

Teilungsanordnung auf Dauer für gesamten Nachlass

Die Teilungsanordnung bezieht sich auf den gesamten Nachlass und ist auf Dauer angeordnet.

Das Teilungsverbot wird unwirksam, wenn 30 Jahre verstrichen sind. Sind natürliche Personen Miterben, kann der Erblasser anordnen, dass die Auseinandersetzungsbeschränkung auch nach Ablauf von 30 Jahren bis zum Eintritt eines bestimmten Ereignisses in der Person eines Miterben gilt (z.B. Heirat oder Tod eines Miterben).

Formulierungsbeispiel

Ich schließe die Auseinandersetzung der Erbengemeinschaft hinsichtlich des gesamten Nachlasses aus. Die Auseinandersetzung soll auch nicht im Einvernehmen aller Erben möglich sein.

Befristetes Auseinandersetzungsverbot für gesamten Nachlass

Die Teilungsanordnung bezieht sich auf den gesamten Nachlass und ist zeitlich befristet. Nach Ablauf der Frist kann ein Miterbe die Auseinandersetzung der Erbengemeinschaft gegen die anderen Miterben geltend machen.

Formulierungsbeispiel

Ich schließe die Auseinandersetzung unter meinen Erben solange aus, bis ______ [Vor- und Familiennamen des Miterben einsetzen] das _____ Lebensjahr vollendet hat. Die Auseinandersetzung soll auch nicht einvernehmlich unter den Erben möglich sein.

Fristabhängiges Auseinandersetzungsverbot für gesamten Nachlass

Durch die Vorgabe einer Frist für die Geltendmachung des Auseinandersetzungsanspruchs kann unter Umständen einer übereilten Auseinandersetzung vorgebeugt werden.

Formulierungsbeispiel

Ein Erbe kann die Auseinandersetzung des Nachlasses frühestens _____ Jahre nach Eintritt des Erbfalls verlangen.

Teilungsanordnung auf Dauer für einzelne Nachlassgegenstände

Die Teilungsanordnung bezieht sich nur auf einzelne Nachlassgegenstände. Der übrige Nachlass kann unter den Erben entsprechend den Erbteilen verteilt werden.

Formulierungsbeispiel

Ich schließe die Auseinandersetzung der Erbengemeinschaft bezüglich folgender Nachlassgegenstände _____ [Bezeichnung der vom Teilungsverbot betroffenen Nachlassgegenstände] aus.

3.8.3 Absicherung des Teilungsverbots

Mit einem Teilungsverbot können Sie Ihren Erben zwar die Auseinandersetzung des Nachlasses verbieten, das Verbot hat jedoch nur schuldrechtliche Wirkung. Die Erben sind also, wenn sie sich untereinander einig sind, nicht gehindert, gleichwohl den Nachlass untereinander zu verteilen. Wenn Sie sicherstellen wollen, dass Ihre Teilungsanordnung tatsächlich umgesetzt wird, müssen Sie entsprechende testamentarische Vorkehrungen treffen.

Einsetzung eines Testamentsvollstreckers

Der Erblasser kann einen Testamentsvollstrecker einsetzen und diesem die Durchsetzung des Teilungsverbots übertragen. Zur Anordnung der Testamentsvollstreckung vgl. 3.9.

Formulierungsbeispiel

Zur Durchsetzung des Teilungsverbots ordne ich Testamentsvollstreckung an. Zum Testamentsvollstrecker bestimme ich ______ [Vor- und Familiennamen einsetzen]. Einzige Aufgabe des Testamentsvollstreckers ist es, die Einhaltung dieses Verbots zu überwachen. Die Testamentsvollstreckung endet mit dem Zeitpunkt, in dem den Erben die Auseinandersetzung gestattet ist.

Bedingte Erbeinsetzung

Der Erblasser kann die Einsetzung der Erben im Testament mit der Bedingung verknüpfen, dass diese das Teilungsverbot einhalten. Verstoßen die Erben gegen diese Bedingung, müssen sie die Erbschaft wieder herausgeben (vgl. dazu 3.2.4).

Formulierungsbeispiel

Soweit ein Erbe gegen das Teilungsverbot verstößt, _____ [Folgen des Verstoßes eintragen; z.B. treten an die Stelle des eingesetzten Miterben dessen Abkömmlinge oder wächst dessen Erbteil den anderen Miterben zu].

3.9 Anordnung der Testamentsvollstreckung

Sie können in Ihrem Testament einen oder mehrere Testamentsvollstrecker ernennen und damit sicherstellen, dass Ihre letztwilligen Anordnungen auch tatsächlich ausgeführt werden. Den Umfang der Testamentsvollstreckung können Sie frei bestimmen. Testamentsvollstreckung können Sie für den gesamten Nachlass anordnen oder auf einzelne Nachlassgegenstände beschränken, Sie können sie für alle oder einzelne Erben anordnen und auch zeitlich befristen.

3.9.1 Checkliste: Testamentsvollstreckung

Gründe

Für die Anordnung einer Auflage können verschiedene Gründe in Betracht kommen, u.a.:

- Sie können sicherstellen, dass Vermächtnisse erfüllt und Auflagen vollzogen und eine Teilungsanordnung oder ein Teilungsverbot durchgesetzt werden.
- Testamentsvollstreckung ist sinnvoll, wenn eine schwierige Nachlassverwaltung und Auseinandersetzung unter den Erben abzusehen ist.
- Bei einem größeren und komplizierten Nachlass (z.B. wenn ein Unternehmen Teil des Nachlasses ist oder wenn hohe Nachlassverbindlichkeiten bestehen), können Sie die Verwaltung des Nachlasses und die Auseinandersetzung unter den Erben einer juristisch versierten Person übertragen.

Bestimmung der Ziele

In Betracht kommen mehrere Zielsetzungen (vgl. dazu 3.9.3):

- Sie können die Testamentsvollstreckung darauf beschränken, den Nachlass unter den Erben zu verteilen.
- Die Testamentsvollstreckung kann auf die reine Verwaltung des Nachlasses beschränkt werden (z.B. wenn einem minderjährigen Erben der Zugriff auf den Nachlass entzogen werden soll).
- Sie können den Testamentsvollstrecker auch lediglich mit der Aufgabe betrauen, für die Ausführung eines Vermächtnisses oder einer Auflage zu sorgen.

Gegenstand

Die Testamentsvollstreckung muss sich nicht notwendig auf den gesamten Nachlass beziehen. Sie kann auch nur hinsichtlich eines Erbteils, eines Nachlassgegenstands, eines Vermächtnisses oder einer Auflage angeordnet werden.

Bestimmung des Testamentsvollstreckers

Sie können in Ihrem Testament selbst einen Testamentsvollstrecker bestimmen, Sie können die Bestimmung der Person aber auch einem Dritten überlassen oder er kann das Nachlassgericht ersuchen, den Testamentsvollstrecker zu bestimmen (vgl. 3.9.2).

Festlegung der Aufgaben des Testamentsvollstreckers

Die Aufgaben des Testamentsvollstreckers müssen Sie in Ihrem Testament festlegen (vgl. dazu 3.9.3).

Vergütung des Testamentsvollstreckers

Für seine Tätigkeit kann der Testamentsvollstrecker eine angemessene Vergütung verlangen, soweit Sie testamentarisch nichts anderes bestimmt haben (vgl. dazu 3.9.2).

Dauer

Sie können die Dauer der Testamentsvollstreckung testamentarisch bestimmen (z.B. indem Sie diese befristen oder sie mit dem Erreichen einer bestimmten Altersgrenze eines Erben verbinden). Andernfalls endet die Testamentsvollstreckung mit der Erledigung der dem Testamentsvollstrecker zugewiesenen Aufgaben (z.B. nach der Verteilung des Nachlasses unter den Miterben).

3.9.2 Festlegung der Testamentsvollstreckung

Die Anordnung der Testamentsvollstreckung muss in Ihrem Testament erfolgen. Es ist zwischen der Anordnung der Testamentsvollstreckung und der Ernennung des Testamentsvollstreckers zu unterscheiden. Während die Anordnung der Testamentsvollstreckung höchstpersönlich durch Sie als Erblasser erfolgen muss, können Sie testamentarisch anordnen, dass die Person des Testamentsvollstreckers im Rahmen der gesetzlichen Regelungen durch Dritte bestimmt wird.

Anordnung

Sinnvoll ist es, im Testament ausdrücklich die Testamentsvollstreckung anzuordnen. Unabhängig davon ist die Ernennung einer Person zum Testamentsvollstrecker zugleich als Anordnung der Testamentsvollstreckung anzusehen.

Die Testamentsvollstreckung kann sich auf den gesamten Nachlass beziehen oder nur auf einen Erbteil oder einen Nachlassgegenstand (z.B. Immobilie) beziehen. Sie kann auch nur hinsichtlich eines Vermächtnisses oder einer Auflage angeordnet werden.

Formulierungsbeispiel

Für _____ [Gegenstand der Testamentsvollstreckung festlegen; z.B. für den gesamten Nachlass, für den Erbteil eines bestimmten Miterben oder für einen bestimmten Nachlassgegenstand] ordne ich Testamentsvollstreckung an.

Ernennung durch Erblasser

Sie können die Person des Testamentsvollsteckers selbst bestimmen.

Sinnvoll ist es, für den Fall, dass der zunächst ernannte Testamentsvollstrecker vor oder nach dem Erbfall wegfällt (z.B. durch Tod oder weil er das Amt ablehnt), einen Ersatztestamentsvollstrecker zu bestimmen.

Formulierungsbeispiel

Zum Testamentsvollstrecker bestimme ich _____ [Vor- und Familiennamen einsetzen]. Sollte dieser das Amt aus irgendeinem Grund nicht antreten können, bestimme ich zum Ersatztestamentsvollstrecker _____ [Vor- und Familiennamen des Ersatztestamentsvollstreckers einsetzen]. Dies gilt auch, wenn der berufene Testamentsvollstrecker nach Annahme des Amts dieses niederlegt oder nicht mehr ausüben kann.

Delegation der Ernennung

Sie können die Benennung des Testamentsvollstreckers delegieren. Sie können das Nachlassgericht mit der Ernennung des Testamentsvollstreckers betrauen oder die Bestimmung der Person des Testamentsvollstreckers auch einem Dritten überlassen.

Formulierungsbeispiel

Ich ersuche das Nachlassgericht, einen Testamentsvollstrecker zu ernennen.

Vergütung

In erster Linie bestimmen Sie die Vergütung des Testamentsvollstreckers. Im Fall der Abwicklung des Nachlasses dürfte bei niedrigen Nachlässen ein Satz von 7,5 %, bei hohen Nachlässen ein Satz von 1 % angemessen sein.

Formulierungsbeispiel

Der Testamentsvollstrecker erhält für seine Tätigkeit _____ [Höhe der Vergütung einsetzen].

Ausschluss der Vergütung

Sie können auch festlegen, dass an den Testamentsvollstrecker keine Vergütung zu zahlen ist.

In diesem Fall bleibt dem benannten Testamentsvollstrecker dann nur die Möglichkeit, das Amt abzulehnen.

Haben Sie die Vergütungspflicht nicht ausgeschlossen und haben Sie keine Festlegung über die Höhe der Vergütung getroffen, so kann der Testamentsvollstrecker kraft Gesetzes eine »angemessene Vergütung« verlangen.

Formulierungsbeispiel

Der Testamentsvollstrecker erhält für seine Tätigkeit keine Vergütung.

3.9.3 Aufgabenbeschreibung

Welche Aufgaben dem Testamentsvollstrecker obliegen, legen Sie in Ihrem Testament fest. In der Praxis wird dem Testamentsvollstrecker häufig aufgegeben, in einer Erbengemeinschaft den Nachlass unter den Erben zu verteilen. Sie können den Testamentsvollstrecker aber auch lediglich mit der Aufgabe betrauen, für die Ausführung eines Vermächtnisses oder einer Auflage zu sorgen. Haben Sie testamentarisch Vor- und Nacherbfolge angeordnet (vgl. dazu 3.3), können Sie für die Dauer der Vorerbschaft Testamentsvollstreckung anordnen und so die Rechte des Nacherben schützen.

Auseinandersetzungsvollstreckung

Fehlen nähere Angaben zur Auseinandersetzung der Erbengemeinschaft, muss der Testamentsvollstrecker die üblichen Regeln beachten. Dazu gehören u.a. die Besitznahme des Nachlasses, die Aufstellung eines Nachlassverzeichnisses, die Berichtigung von Nachlassverbindlichkeiten, die Aufstellung eines Auseinandersetzungsplans und die Verteilung des Nachlasses gemäß den den Miterben zustehenden Erbteilen.

Formulierungsbeispiel

Für meinen Nachlass ordne ich Testamentsvollstreckung an.

Aufgabe des Testamentsvollstreckers ist die Auseinandersetzung des Nachlasses unter den Miterben.

Auseinandersetzungsvollstreckung mit Teilungsanordnung

Mit einer Teilungsanordnung können Sie zwar verfügen, dass der Nachlass entsprechend Ihren Anordnungen unter den Erben aufgeteilt werden muss, die Anordnungen führen aber nicht von selbst zur Aufteilung. Die Erben sind also, wenn sie sich untereinander einig sind, nicht gehindert, eine andere Verteilung vorzunehmen. Wenn Sie sicherstellen wollen, dass Ihre Teilungsanordnung tatsächlich umgesetzt wird, können Sie dem Testamentsvollstrecker die Durchführung der Anordnung übertragen (vgl. dazu 3.7.3).

Formulierungsbeispiel

Der Testamentsvollstrecker hat die Aufgabe, den Nachlass entsprechend meinen Anordnungen unter den Miterben zu verteilen.

Durchsetzung eines Teilungsverbots

Mit einem Teilungsverbot können Sie Ihren Erben zwar die Auseinandersetzung des Nachlasses verbieten, das Verbot hat jedoch nur schuldrechtliche Wirkung. Die Erben sind also, wenn sie sich untereinander einig sind, nicht gehindert, gleichwohl den Nachlass untereinander zu verteilen. Zur Absicherung des Teilungsverbots können Sie einen Testamentsvollstrecker einsetzen und diesem die Durchsetzung des Verbots übertragen (vgl. dazu 3.8.3).

Formulierungsbeispiel

Einzige Aufgabe des Testamentsvollstreckers ist es, die Einhaltung des Auseinandersetzungsverbots zu überwachen.

Verwaltungsvollstreckung

Die Testamentsvollstreckung können Sie auf die reine Verwaltung des Nachlasses beschränken. Als Motiv kommt der Schutz junger, unerfahrener Erben in Betracht.

Formulierungsbeispiel

Aufgabe des Testamentsvollstreckers ist es, meinen Nachlass bis zur Vollendung des _____ Lebensjahres des jüngsten Miterben zu verwalten. Die Erträge des Nachlasses unterliegen der Verwaltung des Testamentsvollstreckers. Er hat aus ihnen und erforderlichenfalls aus der Substanz des Nachlasses jedem Erben die Mittel zur Verfügung zu stellen, die er zu seinem Unterhalt und zur Finanzierung einer angemessenen Ausbildung benötigt. Hierzu gehören auch die Einrichtung einer Wohnung am Ausbildungs- oder Studienort und ein angemessenes Kraftfahrzeug.

Vermächtnisvollstreckung

Es ist möglich, dem Testamentsvollstrecker als einzige Aufgabe die Erfüllung eines Vermächtnisses zu übertragen (vgl. dazu 3.5.3).

Formulierungsbeispiel

Um sicherzustellen, dass das testamentarisch angeordnete Vermächtnis erfüllt wird, ordne ich Testamentsvollstreckung an. Weitere Aufgaben hat der Testamentsvollstrecker nicht.

Auflagenvollstreckung

Dem Testamentsvollstrecker kann als einzige Aufgabe die Erfüllung einer Auflage zugewiesen werden (vgl. dazu 3.6.3).

Formulierungsbeispiel

Um sicherzustellen, dass die testamentarisch verfügte Auflage erfüllt wird, ordne ich Testamentsvollstreckung an. Der Testamentsvollstrecker hat die Auflage zu überwachen. Weitere Aufgaben obliegen ihm nicht.

3.10 Familienrechtliche Anordnungen

Neben rein erbrechtlichen Verfügungen können Sie in Ihrem Testament auch Anordnungen mit familienrechtlichem Bezug treffen. In Betracht kommen insbesondere eine Verwaltungsanordnung, der Entzug des elterlichen Vermögensverwaltungsrechts und die Benennung eines Vormunds. Entsprechende testamentarische Anordnungen kommen für Eltern mit minderjährigen Kindern in Betracht.

3.10.1 Checkliste: Familienrechtliche Anordnungen

Verwaltungsanordnungen

Sie können, wenn Sie einem minderjährigen Kind durch Ihr Testament etwas zuwenden, testamentarisch anordnen, wie die Eltern des Kindes bzw. ein Elternteil das zugewendete Vermögen zu verwalten haben.

Entzug des elterlichen Vermögensverwaltungsrechts

Sie können in Ihrem Testament das elterliche Vermögensrecht für Vermögensteile ausschließen, die aus Ihrem Nachlass stammen. Wenn Sie das Vermögenssorgerecht nur einem Elternteil entzogen haben, verwaltet automatisch der andere Elternteil das Vermögen. Wenn Sie das Verwaltungsrecht für beide Elternteile ausschließen, muss ein Ergänzungspfleger eingesetzt werden. Die Person des Pflegers können Sie im Testament bestimmen.

Benennung eines Vormunds

Werden durch den Erbfall (z.B. durch einen Verkehrsunfall der Eltern) minderjährige Kinder elternlos, so erhält ein minderjähriges Kind einen Vormund. Die Eltern haben die Möglichkeit, durch ein Testament den Vormund zu benennen. Mit der Benennung eines Vormunds können die Eltern auch Anordnungen verbinden, wie der Vormund das Vermögen des Kindes zu verwalten hat.

3.10.2 Verwaltungsanordnung des Erblassers

Wenn Sie einem minderjährigen Kind durch Ihr Testament etwas zuwenden, können Sie anordnen, wie die Eltern das zugewendete Vermögen zu verwalten haben. An die Verwaltungsanordnung sind die Eltern grundsätzlich gebunden. Abweichungen sind nur bei Gefährdung der Interessen des Kindes mit gerichtlicher Genehmigung erlaubt.

Formulierungsbeispiel

Ich ordne an, dass das zugewendete Vermögen nicht für _____ [Bezeichnung der Vermögensanlage, die nicht zulässig ist; z.B. Anlage in Aktien] verwendet werden darf. Das Geld darf nur _____ [Bezeichnung der zulässigen Vermögensanlage; z.B. Anlage in Sparbrief] angelegt werden.

Die Verwaltungsanordnung muss zwar nicht ausdrücklich erfolgen, allerdings muss im Testament zum Ausdruck kommen, dass es sich um eine verbindliche Anordnung und nicht nur um einen Wunsch oder eine Empfehlung handelt.

Die Verwaltungsanordnung stellt im Verhältnis zur Beschränkung der Vermögenssorge (vgl. dazu 3.10.3) die mildere Form der Einflussnahme auf die elterliche Sorge dar.

3.10.3 Beschränkung der elterlichen Vermögenssorge

Die elterliche Sorge umfasst u.a. die Vermögenssorge für das Kind. In diesem Rahmen haben die Eltern die Verpflichtung, das Vermögen des Kindes zu verwalten, es zu erhalten und nach Möglichkeit zu vermehren. Wenn Sie einem minderjährigen Kind durch Ihr Testament etwas zuwenden, können Sie bestimmen, dass die Eltern das zugewendete Vermögen ganz oder teilweise nicht verwalten dürfen. Für den Fall, dass beide Eltern ausgeschlossen werden, muss ein Ergänzungspfleger bestellt werden. Die Person des Pflegers kann von Ihnen bestimmt werden.

In Betracht kommt die Entziehung der elterlichen Vermögenssorge durch das Testament insbesondere im Falle einer Scheidung, wenn verhindert werden soll, dass der frühere Ehepartner Zugriff auf das vom gemeinsamen Kind geerbte Vermögen erhalten soll.

Entziehung der Vermögenssorge

Die Entziehung der Vermögenssorge muss durch das Testament erklärt werden. Eine Begründung ist nicht erforderlich.

Der Ausschluss kann auch unter einer Bedingung (z.B. für den Fall der Wiederverheiratung eines Elternteils) oder befristet erfolgen.

Mit dem Entzug der Vermögenssorge für das dem Kind von Todes wegen zugewendete Vermögen (z.B. Erbschaft, Vermächtnis, Pflichtteil) verlieren die Eltern ihr Sorge- und Vertretungsrecht für das Kind.

Wenn die Vermögenssorge nur einem Elternteil entzogen wird, verwaltet automatisch der andere Elternteil das Vermögen des Kindes.

Formulierungsbeispiel

Ich setze mein minderjähriges Enkelkind _____ [Name und Vorname einsetzen] zu meinem Alleinerben ein.

Den Eltern meines Enkelkindes _____ und _____ [Namen und Vornamen der Eltern einsetzen] entziehe ich das Vermögensverwaltungsrecht bezüglich aller Gegenstände, die es von mir von Todes wegen erwirbt.

Benennung eines Pflegers

Wenn Sie das Verwaltungsrecht für beide Elternteile ausschließen, muss vom Vormundschaftsgericht ein Ergänzungspfleger eingesetzt werden. Die Person des Pflegers können Sie in Ihrem Testament bestimmen.

Sie können die Auswahl des Pflegers dem Vormundschaftsgericht überlassen oder selbst in Ihrem Testament einen Pfleger bestimmen. Das Vormundschaftsgericht ist grundsätzlich an Ihren Vorschlag gebunden. Nur unter bestimmten Umständen (z.B. wenn der vorgeschlagene Pfleger wegen Alters, Krankheit oder beruflicher Überlastung verhindert ist) kann das Gericht von Ihrem Vorschlag abweichen.

Die Notwendigkeit der Bestellung eines Ergänzungspflegers müssen die Eltern unverzüglich dem Vormundschaftsgericht mitteilen.

Formulierungsbeispiel

Als Pfleger zur Ausübung des Verwaltungsrechts bestimme ich _____ [Name und Vorname des vorgeschlagenen Pflegers einsetzen], ersatzweise _____ [Name und Vorname des vorgeschlagenen Ersatzpflegers einsetzen]. Der Pfleger wird von allen gesetzlich zulässigen Beschränkungen befreit.

3.10.4 Benennung eines Vormunds

Wenn ein Kind seine Eltern bzw. denjenigen verliert, bei dem das Sorgerecht lag, dann entscheidet das Familiengericht darüber, wer sich künftig um das Kind kümmert. Es bestellt einen Vormund. In der Regel ist das ein naher Verwandter. Ab einem Alter von 14 Jahren haben Kinder ein Mitspracherecht. Mithilfe einer sogenannten Sorgerechtsverfügung können die Eltern eine Person benennen, die im Falle ihres Todes die Vormundschaft für ihr minderjähriges Kind übernehmen soll. Das Familiengericht wird diesem Vorschlag in der Regel folgen.

Der Vormund für minderjährige Kinder durch die sorgeberechtigten Eltern wird durch Testament benannt. Die Sorgerechtsverfügung muss also entweder nach den Regeln eines eigenhändigen oder notariellen Testaments verfasst werden. Erfolgt die Sorgerechtsverfügung in Form eines eigenhändigen Testaments, muss der gesamte Text handschriftlich verfasst und eigenhändig mit Vor- und Familiennamen unterschrieben werden. Ort und Datum sollen in der Erklärung angegeben werden.

Einzelne Sorgerechtsverfügung

Sind die Eltern nicht verheiratet, müssen sie jeweils eine eigene Erklärung abgeben.

Haben die Mutter und der Vater unterschiedliche Personen als Vormund vorgeschlagen, so gilt die Benennung durch den zuletzt versterbenden Elternteil.

Formulierungsbeispiel

Für den Fall, dass ich, _____ [Name und Vorname des Elternteils einsetzen], für meine minderjährigen Kinder die elterliche Sorge wegen Todes nicht mehr ausüben kann, benenne ich folgenden Vormund: _____ [Name und Vorname des vorgeschlagenen Vormunds einsetzen].

Gemeinsame Sorgerechtsverfügung

Sind die Eltern des Kindes verheiratet, können sie eine gemeinsame Sorgerechtserklärung verfassen. Die Sorgerechtsverfügung kann auch im Rahmen eines gemeinschaftlichen Testaments errichtet werden.

Formulierungsbeispiel

Für den Fall, dass wir, _____ [Name und Vorname des Elternteils einsetzen] und _____ [Name und Vorname des anderen Elternteils einsetzen], für unsere minderjährigen Kinder die elterliche Sorge wegen Todes nicht mehr ausüben können, benennen wir folgenden Vormund: _____ [Name und Vorname des vorgeschlagenen Vormunds einsetzen].

Benennung eines Ersatzvormunds

Sinnvoll ist es, dass Eltern in ihrer Sorgerechtsverfügung eine Ersatzperson bzw. mehrere Ersatzpersonen für den Fall vorschlagen, dass die von ihnen als Wunschvormund benannte Person als Vormund nicht bestellt werden kann.

Formulierungsbeispiel

Wenn die vorstehend genannte Person nicht als Vormund bestellt werden kann, soll ersatzweise die im Folgenden genannte Person zum Vormund bestellt werden: _____ [Name und Vorname des vorgeschlagenen Ersatzvormunds einsetzen].

Ausschluss des Vormunds

Die sorgeberechtigten Eltern können durch entsprechende Verfügung auch eine Person oder einen Personenkreis von der Vormundschaft ausschließen.

Formulierungsbeispiel

Die im Folgenden aufgeführte(n) Person(en) soll(en) auf keinen Fall zum Vormund bestellt werden:

_____ [Name und Vorname des ausgeschlossenen Vormunds einsetzen].

_____ [Name und Vorname des ausgeschlossenen Vormunds einsetzen].

3.11 Rechtswahlbestimmung

Seit dem 16.8.2012 gilt die Europäische Verordnung zum internationalen Erb- und Erbverfahrensrecht. Die Verordnung enthält einheitliche Regelungen darüber, welches Erbrecht auf einen internationalen Erbfall anzuwenden ist. Danach richtet sich dem Grunde nach die gesamte Rechtsnachfolge von Todes wegen nach dem Recht des Staates, in dem der Erblasser zum Zeitpunkt seines Todes seinen gewöhnlichen Aufenthalt hatte. Wer dennoch möchte, dass das Erbrecht des Staates angewendet wird, dem er angehört, kann dies durch Rechtswahl in seinem Testament bestimmen.

Formulierungsbeispiel

Ich wähle für die Zulässigkeit und materielle Wirksamkeit meiner Verfügungen von Todes wegen und die Rechtsnachfolge von Todes wegen nach meinem Tod das deutsche Recht. Mein gesamter Nachlass soll nach deutschem Recht vererbt werden. Diese Rechtswahl soll auch dann weiterhin Gültigkeit haben, wenn ich meinen Wohnsitz oder letzten gewöhnlichen Aufenthalt im Ausland habe.

Der Erblasser kann testamentarisch bestimmen, dass sein Vermögen nach seinem Tod nach dem Erbrecht des Staats vererbt wird, dessen Staatsangehörigkeit er besitzt. Ein dauerhaft auf Mallorca lebender Deutscher kann also bestimmen, dass im Falle seines Todes deutsches Erbrecht gelten soll. Trifft er keine Rechtswahl, kommt spanisches Erbrecht zur Anwendung.

4 Formulierungsbeispiele für Verfügungen im gemeinschaftlichen Testament von Eheleuten

Für Eheleute sieht das Gesetz eine Testamentsform vor, die deren besondere Interessen berücksichtigt: das gemeinschaftliche Testament. Das Besondere an diesem Testament ist, dass darin Verfügungen sowohl für den Tod des einen wie auch für den Tod des anderen Ehegatten getroffen werden können. Wenn solche Verfügungen im Hinblick darauf getroffen wurden, dass auch der andere Ehegatte eine entsprechende Verfügung vorgenommen hat (sogenannte wechselbezügliche Verfügungen), können sie nicht ohne Weiteres geändert oder aufgehoben werden.

4.1 Überblick über mögliche testamentarische Verfügungen

In einem gemeinschaftlichen Testament von Eheleuten (vgl. dazu auch 2.3) können dieselben Verfügungen wie in einem Einzeltestament getroffen werden. Besonderheiten bestehen jedoch insbesondere hinsichtlich der Erbeinsetzung und dass bestimmte erbrechtliche Verfügungen »wechselbezüglich« ausgestaltet werden können.

Nur Eheleute und eingetragene Lebenspartner können ein gemeinschaftliches Testament errichten, nicht aber unverheiratete Personen wie Verlobte oder Partner in einer nichtehelichen Lebensgemeinschaft.

Das Besondere am gemeinschaftlichen Testament ist, dass die Eheleute sogenannte wechselbezügliche Verfügungen treffen können. Diese sind in ihrer Wirksamkeit voneinander abhängig und sie können nur unter besonderen Voraussetzungen widerrufen werden. Und nach dem Tod eines Ehegatten sind sie für den anderen Ehegatten verbindlich.

Ob und welche Verfügungen im gemeinschaftlichen Testament wechselbezüglich sein sollen, bestimmen die Eheleute. Als wechselseitige Verfügungen kommen allerdings nur die Erbeinsetzung, das Vermächtnis und die Auflage in Betracht. Andere Verfügungen (z.B. Enterbung, Teilungsanordnung, Testamentsvollstreckung) können zwar auch getroffen werden, aber nur als einseitige, nicht als wechselbezügliche Anordnungen.

Gegenseitige Erbeinsetzung ohne Einsetzung von Schlusserben

In einem gemeinschaftlichen Testament können sich Eheleute gegenseitig als Alleinerben einsetzen. Nicht geregelt wird, wer den überlebenden Ehegatten beerben soll (vgl. dazu 4.2).

Gegenseitige Erbeinsetzung mit Einsetzung von Schlusserben (Berliner Testament)

In einem gemeinschaftlichen Testament können sich Eheleute nicht nur darauf beschränken, sich gegenseitig als Erben einzusetzen, sondern darüber hinaus bestimmen, welche Personen (sogenannte Schlusserben; in der Regel die Kinder der Eheleute) den Längstlebenden beerben sollen (Berliner Testament).

- Nach dem Tod des erstversterbenden Ehegatten erhält der Längerlebende dessen Vermögen als Vollerbe.
- Das gesamte Vermögen der Eheleute (Vermögen des Erstverstorbenen und sein eigenes Vermögen) vereinigt sich in der Hand des Längerlebenden.
- Nach dem Tod des zuletzt versterbenden Elternteils geht das Gesamtvermögen auf die Schlusserben über (vgl. dazu 4.3).

Abänderungsvorbehalt im Berliner Testament

Der längerlebende Ehegatte ist an die Einsetzung der Kinder als Schlusserben und an andere wechselbezügliche Verfügungen (z.B. Vermächtnisse) gebunden. Durch einen sogenannten Änderungsvorbehalt kann ihm die Möglichkeit eingeräumt werden, auf geänderte Lebensumstände zu reagieren (vgl. dazu 4.3.2).

Pflichtteilsstrafklausel im Berliner Testament

Wenn der längerlebende Ehegatte nach dem ersten Erbfall alleiniger Erbe ist, bedeutet das zwangsläufig, dass die Kinder von der gesetzlichen Erbfolge ausgeschlossen werden und Pflichtteilsansprüche geltend machen können. Dem kann mit sogenannten Pflichtteilsstrafklauseln begegnet werden (vgl. dazu 4.3.3).

Wiederverheiratungsklausel im Berliner Testament

Wenn der längerlebende Ehegatte wieder heiratet, besteht für die im gemeinschaftlichen Testament eingesetzten Schlusserben (im Regelfall also die Kinder) die Gefahr, dass hierdurch Vermögen an den neuen Ehepartner abfließt und so der spätere Nachlass zulasten der Kinder geschmälert wird. Durch eine sogenannte Wiederverheiratungsklausel können die testamentarisch eingesetzten Schlusserben finanziell geschützt werden (vgl. dazu 4.3.4).

Anfechtungsverzicht im Berliner Testament

Kraft Gesetzes ist ein Ehegatte berechtigt, die im gemeinschaftlichen Testament erfolgte Einsetzung des Schlusserben anzufechten. Unter Umständen kann es sinnvoll sein, die Möglichkeit der Selbstanfechtung der Ehegatten testamentarisch auszuschließen (vgl. dazu 4.3.5).

Gegenseitige Erbeinsetzung als Vor- und Nacherben

Eheleute können sich im gemeinschaftlichen Testament gegenseitig als Vor- und Nacherben einsetzen. In diesem Fall wird der Längstlebende nur als Vorerbe (mit entsprechenden Verfügungsbeschränkungen über den Nachlass) und dritte Personen (in der Regel die Kinder) als Nacherben eingesetzt (vgl. dazu 4.4).

Enterbung gesetzlicher Erben

Die Eheleute können die vom Gesetz vorgesehenen Erben ohne Weiteres enterben. Die beim Berliner Testament beim ersten Erbfall zwangsläufig enterbten Kinder können den Pflichtteil verlangen (vgl. dazu 3.4).

Zuwendung eines Vermächtnisses

Mit einem Vermächtnis kann einer Person ein Vermögensvorteil zugewendet werden, ohne dass diese Erbe ist (vgl. dazu 3.5).

Auflagen

Auch im gemeinschaftlichen Testament können der längerlebende Ehegatte bzw. die Schlusserben zu einer Leistung an Dritte oder zu einem bestimmten Tun oder Unterlassen verpflichtet werden (vgl. dazu 3.6).

Teilungsanordnung, -verbot

Sind beim Berliner Testament mehrere Personen Schlusserben, kann testamentarisch verfügt werden, wie die Erben die einzelnen Vermögensgegenstände untereinander aufteilen müssen. Durch Anordnung eines Teilungsverbots kann die Auseinandersetzung der Erbengemeinschaft, also die Verteilung einzelner Nachlassgegenstände unter den Miterben, verhindert werden (vgl. dazu 3.7 und 3.8).

Testamentsvollstreckung

Mit der Anordnung der Testamentsvollstreckung können die Eheleute sicherstellen, dass ihr letzter Wille auch tatsächlich vollzogen wird (vgl. dazu 3.9).

Familienrechtliche Anordnungen

Wie beim Einzeltestament können Eheleute auch im gemeinschaftlichen Testament familienrechtliche Anordnungen aufnehmen (vgl. dazu 3.10).

Rechtswahlbestimmung

Die gesamte Rechtsnachfolge von Todes wegen richtet sich nach dem Recht des Staates, in dem der Erblasser zum Zeitpunkt seines Todes seinen gewöhnlichen Aufenthalt hatte. Der Erblasser kann allerdings testamentarisch bestimmen, dass sein Vermögen nach seinem Tod nach dem Erbrecht des Staats vererbt wird, dessen Staatsangehörigkeit er besitzt (vgl. dazu 3.11).

4.2 Gegenseitige Erbeinsetzung der Ehegatten ohne Einsetzung von Schlusserben

Die gegenseitige Erbeinsetzung in einem gemeinschaftlichen Testament entspricht regelmäßig dem Bedürfnis von Eheleuten, ihre finanziellen Verhältnisse auch für die Zeit nach dem Tod gemeinschaftlich zu regeln und vor allem den längerlebenden Ehegatten finanziell abzusichern. Dabei können sich die Eheleute darauf beschränken, sich wechselseitig zu Alleinerben einzusetzen. Testamentarisch geregelt wird also nur ein Erbfall: der Tod des erstversterbenden Ehegatten. Verstirbt der erste Ehegatte, so erbt der Längerlebende allein. Das ererbte Vermögen wird mit dem Todesfall Vermögen des Längstlebenden, über das er zusammen mit seinem eigenen Vermögen ohne Beschränkungen verfügen kann.

Wechselseitige Erbeinsetzung

Ein gemeinschaftliches Testament ohne Einsetzung von Schlusserben kann bei kinderlosen Eheleuten in Betracht kommen. Durch die gegenseitige Einsetzung als Alleinerben wird eine Erbengemeinschaft des längerlebenden Ehegatten mit den Verwandten des Verstorbenen verhindert. Allerdings hängt es vom Zufall ab, wohin das Vermögen der Eheleute letztlich fließt, ob zu den Verwandten des Ehemanns oder denen der Ehefrau. Der längerlebende Ehegatte kann allerdings nach dem ersten Erbfall jederzeit testamentarisch bestimmen, wer seine Erben sein sollen.

Auch bei Eheleuten mit Kindern ist ein entsprechendes gemeinschaftliches Testament ohne Einsetzung von Schlusserben denkbar, wenn man dem längerlebenden Ehegatten freie Hand nach dem Tod des erstversterbenden Ehegatten lassen will.

Formulierungsbeispiel

Wir, _____ und _____ [Vor- und Familiennamen der Ehegatten einsetzen], setzen uns gegenseitig, also der Erstversterbende den Längerlebenden zum Alleinerben ein.

Einsetzung eines Ersatzerben für den längerlebenden Ehegatten

Wenn Sie und Ihr Ehegatte sich in Ihrem gemeinschaftlichen Testament wechselseitig als Alleinerben einsetzen, stellt sich die Frage, wer Erbe wird, wenn der als Erbe eingesetzte längerlebende Ehegatte wegfällt, wenn er also z.B. vor dem ersten Todesfall verstirbt oder nach dem Tod des zuerst versterbenden Ehegatten die Erbschaft ausschlägt oder erbunwürdig ist. Durch die Einsetzung eines Ersatzerben behalten die Eheleute die Kontrolle darüber, wem das Vermögen zufällt. Sie verhindern damit die gesetzliche Erbfolge, die von ihnen unter Umständen nicht gewollt ist.

Formulierungsbeispiel

Als Ersatzerben bestimmen wir _____ [Vor- und Familiennamen des Ersatzerben einsetzen].

Regelung für den Fall des gleichzeitigen Versterbens

Sterben die Eheleute gleichzeitig, ist die im gemeinschaftlichen Testament getroffene gegenseitige Erbeinsetzung gegenstandslos. Den Fall des gleichzeitigen Versterbens können die Eheleute im gemeinschaftlichen Testament durch eine sogenannte Katastrophenklausel regeln. Dabei geht es im Wesentlichen darum, zu bestimmen, wer Erbe nach dem gleichzeitigen Tod beider Ehegatten werden soll.

Für ein minderjähriges Kind kann für den Fall, dass beide Eltern versterben, testamentarisch ein Vormund benannt werden (vgl. dazu 3.10.4).

Formulierungsbeispiel

Für den Fall, dass wir beide gleichzeitig oder innerhalb eines Monats aufgrund derselben Ursache (z.B. eines Unfalls) versterben, setzen wir _________ als Erben ein.

Hinweis auf Wechselbezüglichkeit

Um Auslegungsschwierigkeiten zu vermeiden, sollte im gemeinschaftlichen Testament ausdrücklich darauf hingewiesen werden, dass die getroffenen Regelungen wechselbezüglich sind (vgl. dazu 4.1).

Formulierungsbeispiel

Diese Verfügungen sind wechselbezüglich.

4.3 Berliner Testament

Eine besondere Form des gemeinschaftlichen Testaments von Eheleuten ist das sogenannte Berliner Testament. Darin setzen sich Ehegatten gegenseitig als Alleinerben ein und bestimmen gleichzeitig einen Dritten (den sogenannten Schlusserben), der das vom Längstlebenden nicht verbrauchte Vermögen erben soll. Diese erbrechtliche Gestaltung ist allerdings mit nicht zu unterschätzenden Risiken verbunden.

4.3.1 Wechselseitige Erbeinsetzung und Einsetzung von Schlusserben

In der Praxis werden regelmäßig die Kinder der Eheleute als Schlusserben eingesetzt. Somit wird nicht nur die Erbfolge unter den Eheleuten geregelt, sondern auch ein zweiter Erbgang, nämlich die Erbeinsetzung der Kinder als Erben des längerlebenden Elternteils.

Wechselseitige Erbeinsetzung und Einsetzung von Schlusserben

Das gemeinschaftliche Vermögen der Eheleute, das nach dem Tod des zuerstversterbenden Ehegatten zunächst an den anderen Ehegatten vererbt wurde, fällt nach dem Tod des längerlebenden Ehegatten als einheitliches Vermögen den Kindern als Schlusserben zu.

Formulierungsbeispiel

Wir, _____ [Vor- und Familiennamen des Ehegatten einsetzen] und _____ [Vor- und Familiennamen des anderen Ehegatten einsetzen], setzen uns gegenseitig zu alleinigen und unbeschränkten Erben ein. Erben des Längstlebenden sind _____ [Vor- und Familiennamen der Kinder einsetzen] zu gleichen Teilen.

Regelung für den Fall des gleichzeitigen Versterbens

Im Berliner Testament kann eine spezielle Regelung für den Fall des gleichzeitigen Versterbens der Eheleute entfallen, weil mit der Bestimmung der Schlusserben deutlich zum Ausdruck gebracht wurde, wer nach dem Tod des längerlebenden Ehegatten Erbe werden soll. Gleichwohl kann zur Klarstellung testamentarisch verfügt werden, dass die im Testament eingesetzten Schlusserben auch beim gleichzeitigen Versterben der Eheleute Erbe sein sollen.

Für ein minderjähriges Kind kann für den Fall, dass beide Eltern versterben, testamentarisch ein Vormund benannt werden (vgl. dazu 3.10.4).

Formulierungsbeispiel

Unsere Verfügung über die Einsetzung der Schlusserben gilt auch für den Fall unseres gleichzeitigen Versterbens bzw. des Versterbens innerhalb eines Monats aufgrund derselben Ursache (z.B. eines Unfalls).

Einsetzung eines Ersatzerben für den Schlusserben

Wenn Eheleute sich in ihrem gemeinschaftlichen Testament wechselseitig als Alleinerben einsetzen, stellt sich die Frage, wer Erbe wird, wenn der als Alleinerbe eingesetzte Ehegatte nach dem ersten Erbfall wegfällt, wenn er also z.B. vor dem ersten Erbfall verstirbt oder nach dem Tod des erstversterbenden Ehegatten die Erbschaft ausschlägt. Zur Klarstellung kann festgelegt werden, dass das als Schlusserbe eingesetzte Kind zugleich Ersatzerbe des erstversterbenden Ehegatten sein soll.

Formulierungsbeispiel

Der Schlusserbe soll zugleich Ersatzerbe des erstversterbenden Ehegatten sein.

Einsetzung eines Ersatzerben für den längerlebenden Ehegatten

Wenn Eheleute sich in ihrem gemeinschaftlichen Testament wechselseitig als Alleinerben einsetzen und ihr Kind bestimmen, das den Längerlebenden beerben soll, stellt sich die Frage, wer Erbe wird, wenn das Kind vor oder nach dem zweiten

Erbfall wegfällt, wenn es also z.B. vor dem zweiten Erbfall verstirbt oder nach dem Tod des längerlebenden Ehegatten die Erbschaft ausschlägt. In diesen Fällen tritt dann gesetzliche Erbfolge ein. Soll diese nicht gelten, muss festgelegt werden, welche Person Ersatzerbe des Schlusserben, also des Kindes, sein soll.

Formulierungsbeispiel

Als Ersatzerben für das als Schlusserbe eingesetzte Kind bestimmen wir _____ [Vor- und Familiennamen der Ersatzerben des Schlusserben einsetzen; z.B. Abkömmlinge der Kinder gemäß der gesetzlichen Erbfolge].

Hinweis auf Wechselbezüglichkeit

Um Auslegungsschwierigkeiten zu vermeiden, sollte im gemeinschaftlichen Testament ausdrücklich darauf hingewiesen werden, dass die getroffenen Regelungen wechselbezüglich sind (vgl. dazu 4.1).

Formulierungsbeispiel

Diese Verfügungen sind jeweils wechselbezüglich.

4.3.2 Änderungsvorbehalt im Berliner Testament

Das Problem beim Berliner Testament ist, dass der längerlebende Ehegatte durch die wechselbezügliche Einsetzung des Schlusserben auf veränderte Lebensumstände nicht reagieren kann. Diese einmal getroffene Verfügung ist für ihn verbindlich. Dem Längstlebenden sollte allerdings immer ein gewisser Gestaltungsspielraum verbleiben und die Möglichkeit eingeräumt werden, auf neue Lebensumstände reagieren zu können. Insbesondere kann dieser dann auf eine zwischen dem ersten und dem zweiten Erbfall eintretende neue Situation Einfluss nehmen (z.B. wenn ein als Schlusserbe eingesetztes Kind überschuldet ist).

Es gibt verschiedene Möglichkeiten zu regeln, dass und in welchem Umfang sich der längerlebende Ehegatte von der Bindung hinsichtlich der Schlusserbeneinsetzung des Kindes befreien kann.

Unbeschränkter Änderungsvorbehalt

In diesem Fall wird dem überlebenden Ehegatten die Möglichkeit eingeräumt, die Einsetzung des Schlusserben zu ändern bzw. zu widerrufen. Die Änderungen stehen in seinem Belieben.

Formulierungsbeispiel

Der Längerlebende von uns ist ausdrücklich berechtigt, die für den zweiten Todesfall bestimmte Einsetzung unseres Kindes als Schlusserbe durch Verfügungen von Todes wegen nach seinem freien Ermessen ganz oder teilweise zu ändern.

Änderungen innerhalb des Kreises der Abkömmlinge

Durch diesen Abänderungsvorbehalt darf der längerlebende Ehegatte zwar von der testamentarisch festgelegten Einsetzung des Kindes als Schlusserbe abweichen, er ist bei abweichenden Verfügungen allerdings auf einen bestimmten Adressenkreis beschränkt. Andere Personen als gemeinsame Abkömmlinge der Ehepartner (Kinder, Enkel, Urenkel usw.) darf er nicht als Erben einsetzen.

Formulierungsbeispiel

Der Längerlebende von uns ist ausdrücklich berechtigt, die für den zweiten Todesfall bestimmte Einsetzung unseres Kindes als Schlusserbe durch Verfügungen von Todes wegen nach seinem freien Ermessen ganz oder teilweise zu ändern, jedoch nur innerhalb des Kreises unserer Abkömmlinge.

Änderungen innerhalb des Kreises der Verwandten der Eheleute

Durch diesen Abänderungsvorbehalt darf der längerlebende Ehegatte zwar von der testamentarisch festgelegten Einsetzung des Kindes als Schlusserbe abweichen, andere Personen als Verwandte der Eheleute darf er nicht bedenken.

Formulierungsbeispiel

Der Längerlebende von uns ist ausdrücklich berechtigt, die für den zweiten Todesfall bestimmte Einsetzung unseres Kindes als Schlusserbe durch Verfügungen von Todes wegen nach seinem freien Ermessen ganz oder teilweise zu ändern, jedoch nur innerhalb des Kreises unserer Verwandten.

Beschränkung auf eigenes Vermögen des überlebenden Ehegatten

Durch diesen Abänderungsvorbehalt darf der längerlebende Ehegatte zwar von der testamentarisch festgelegten Einsetzung des Kindes als Schlusserbe abweichen, er ist bei abweichenden Verfügungen allerdings auf sein eigenes Vermögen beschränkt. Die Einsetzung des Schlusserben im gemeinschaftlichen Testament hinsichtlich des Vermögens des verstorbenen Ehegatten kann der Längerlebende nicht mehr ändern.

Formulierungsbeispiel

Der Längerlebende von uns ist ausdrücklich berechtigt, die für den zweiten Todesfall bestimmte Einsetzung unseres Kindes als Schlusserbe durch Verfügungen von Todes wegen nach seinem freien Ermessen ganz oder teilweise zu ändern, jedoch nur hinsichtlich seines eigenen Vermögens.

4.3.3 Pflichtteilsstrafklausel im Berliner Testament

Beim Berliner Testament ist beim Tod des erstversterbenden Elternteils das Kind enterbt. Das könnte es veranlassen, beim ersten Erbfall seinen Pflichtteilsanspruch gegen den längerlebenden Elternteil geltend zu machen. Dieser Situation können die Eheleute begegnen, indem sie in das gemeinschaftliche Testament eine sogenannte Pflichtteilsstrafklausel aufnehmen. Diese soll das als Schlusserbe eingesetzte Kind davon abzuhalten, vom längerlebenden Elternteil den Pflichtteil zu verlangen. Insgesamt zielt eine entsprechende Klausel also darauf ab, für das Kind die Geltendmachung seines Pflichtteils finanziell weniger interessant zu machen.

Auf eine Pflichtteilsstrafklausel im Testament können die Eheleute verzichten, wenn sie die als Schlusserben eingesetzten Kinder zu einem Pflichtteilsverzicht beim ersten Erbfall bewegen können. Der Verzichtsvertrag bedarf der notariellen Beurkundung.

Pflichtteilsstrafklauseln sind in verschiedenen Varianten möglich.

Automatische Enterbung des Kindes bei Geltendmachung des Pflichtteils

Durch die nachfolgende Pflichtteilsstrafklausel ist das in Ihrem gemeinschaftlichen Testament als Schlusserbe eingesetzte Kind automatisch enterbt, wenn es beim Tod des Erstversterbenden gegen den Willen des Längerlebenden den Pflichtteil verlangt.

Weil die Enterbung automatisch erfolgt, wenn das Kind seinen Pflichtteil verlangt, ist es sinnvoll, dem längerlebenden Ehegatten das Recht einzuräumen, die Enterbung testamentarisch rückgängig zu machen.

Formulierungsbeispiel

Falls eines unserer Kinder nach dem Tod des Erstversterbenden gegen den Willen des Längerlebenden den Pflichtteil verlangt, soll es auch nach dem Längerlebenden von uns enterbt sein und nur seinen Pflichtteil erhalten. Der längerlebende Ehepartner ist berechtigt, die Enterbung wieder rückgängig zu machen, indem er das enterbte Kind testamentarisch wieder als Erben einsetzt.

Änderungsvorbehalt bei Geltendmachung des Pflichtteils

Durch diese Verfügung wird das als Schlusserbe eingesetzte Kind nicht automatisch enterbt, wenn es beim Tod des Erstversterbenden den Pflichtteil verlangt. Vielmehr wird der längerlebende Ehegatte berechtigt, von der Schlusserbeneinsetzung im gemeinschaftlichen Testament abzuweichen und den eingesetzten Schlusserben zu enterben.

Formulierungsbeispiel

Falls eines unserer Kinder nach dem Tod des Erstversterbenden gegen den Willen des Längerlebenden

den Pflichtteil verlangt, ist der Längerlebende berechtigt, das Kind und seine Abkömmlinge durch Testament von der Erbfolge auszuschließen.

Automatische Enterbung des Kindes bei Geltendmachung des Pflichtteils bei gleichzeitiger Verringerung des Pflichtteils

Mit dieser Pflichtteilsstrafklausel wird das Kind, das den Pflichtteil verlangt, doppelt »bestraft« und das Kind »belohnt«, das beim ersten Erbfall seinen Pflichtteilsanspruch nicht geltend macht.

Macht ein Kind beim Tod des Erstversterbenden seinen Pflichtteil geltend, so ist es beim Tod des Längerlebenden automatisch enterbt und kann nur seinen Pflichtteil verlangen. Durch das dem Kind, das beim ersten Erbfall den Pflichtteil nicht verlangt, zugewendete Vermächtnis wird der Nachlass geschmälert. Mithin verringert sich beim zweiten Todesfall auch der Pflichtteil eines Kindes, das beim ersten Todesfall seinen Pflichtteil verlangt hat.

Formulierungsbeispiel

Falls eines unserer Kinder nach dem Tod des Erstversterbenden gegen den Willen des Längerlebenden den Pflichtteil verlangt, soll es auch nach dem Längerlebenden von uns enterbt sein und nur seinen Pflichtteil erhalten. Kinder, die den Pflichtteil nicht verlangt haben, erhalten aus dem Nachlass des erstversterbenden Elternteils Geldvermächtnisse im Wert ihres gesetzlichen Erbteils. Diese werden nach dem Tod des Längerlebenden fällig.

4.3.4 Wiederverheiratungsklausel im Berliner Testament

Durch eine sogenannte Wiederverheiratungsklausel im Berliner Testament besteht die Möglichkeit, die finanziellen Interessen der beim ersten Erbfall enterbten Kinder bei Wiederheirat des überlebenden Elternteils zu schützen. Dabei geht es darum, den Kindern zum Zeitpunkt der Wiederverheiratung des längerlebenden Elternteils eine angemessene Beteiligung am Nachlass des erstverstorbenen Elternteils zu sichern. Das, was die Ehegatten den im Berliner Testament als Schlusserben eingesetzten Kindern zugedacht haben, soll diesen auch letztlich zukommen.

Eine Möglichkeit, die wirtschaftlichen Interessen der Kinder zu wahren, ist die, den längerlebenden Ehegatten im Berliner Testament für den Fall, dass er wieder heiratet, mit einem Vermächtnis zugunsten der beim ersten Erbteil enterbten Kinder zu beschweren. Damit erlangen die Kinder im Falle der Wiederverheiratung des überlebenden Elternteils einen Anspruch auf einen Teil des Nachlasses.

Vermächtnis in Höhe der Erbquote

Die Zuwendung kann aus einer bestimmten Quote des Nachlasses des erstverstorbenen Elternteils bestehen.

Formulierungsbeispiel

Für den Fall, dass der längerlebende Ehegatte wieder heiratet, hat dieser den als Schlusserben eingesetzten Kindern einen Geldbetrag in Höhe ihres gesetzlichen Erbteils zu zahlen. Maßgebend für die Berechnung ist der Wert des reinen Nachlasses des Erstversterbenden zum Zeitpunkt des Erbfalls. Das Vermächtnis ist innerhalb von drei Monaten nach der Wiederverheiratung fällig.

Der Anspruch entsteht nicht, wenn das betreffende Kind nach dem Tod des erstversterbenden Elternteils den Pflichtteil verlangt und erhalten hat.

Vermächtnis in Höhe eines festgelegten Geldbetrags

Dem beim ersten Erbfall übergangenen Kind kann ein Vermächtnis in Höhe eines im Testament festgelegten Geldbetrags zugewendet werden.

Formulierungsbeispiel

Für den Fall, dass der längerlebende Ehegatte wieder heiratet, hat dieser den eingesetzten Schlusserben ein Geldvermächtnis in Höhe von _____ Euro zuzuwenden. Das Vermächtnis ist innerhalb von drei Monaten nach der Wiederverheiratung fällig.

Der Anspruch entsteht nicht, wenn das betreffende Kind nach dem Tod des erstversterbenden Elternteils den Pflichtteil verlangt und erhalten hat.

4.3.5 Anfechtungsverzicht im Berliner Testament

Der überlebende Ehegatte kann die Einsetzung der Kinder als Schlusserben wegen Übergehung eines Pflichtteilsberechtigten anfechten. Die gesetzlichen Voraussetzungen kann er selbst herbeiführen, indem er wieder heiratet oder ein Kind erhält. In diesen Fällen steht dem neuen Ehegatten bzw. den Kindern gegenüber dem längerlebenden Ehegatten der Pflichtteil zu. Weil diese Pflichtteilsberechtigten durch die Schlusserbeneinsetzung im gemeinschaftlichen Testament übergangen werden, kann der längerlebende Ehegatte das gemeinschaftliche Testament anfechten.

Deshalb sollte durch eine entsprechende testamentarische Regelung die Selbstanfechtung der Ehegatten ausdrücklich ausgeschlossen werden.

Formulierungsbeispiel

An die Bestimmungen in diesem Testament soll der Länderlebende auch dann gebunden bleiben, wenn er noch einmal heiratet oder sonst Pflichtteilsberechtigte hinzutreten. Der Längerlebende von uns verzichtet deshalb ausdrücklich auf sein Anfechtungsrecht wegen Übergehung eines Pflichtteilsberechtigten.

Selbst wenn der längerlebende Ehegatte nach dem Tod des Erstverstorbenen erneut heiratet, kann er das Testament nicht mehr anfechten und bleibt an die gemeinschaftlich getroffenen testamentarischen Verfügungen gebunden.

4.4 Gegenseitige Erbeinsetzung als Vor- und Nacherben

Die Eheleute können sich im gemeinschaftlichen Testament gegenseitig als Vor- und Nacherben einsetzen. In diesem Fall wird der zuletztversterbende Ehepartner nur als Vorerbe (mit entsprechenden Verfügungsbeschränkungen über den Nachlass) und dritte Personen (in der Regel die Kinder) als Nacherben eingesetzt (vgl. dazu 3.3).

Durch die Gestaltung des gemeinschaftlichen Testaments mit Vor- und Nacherbfolge können Eheleute verschiedene Ziele erreichen.

4.4.1 Gemeinschaftliches Testament mit Vor- und Nacherbfolge

Wenn Ehegatten sich in einem gemeinschaftlichen Testament gegenseitig als Vorerben und dritte Personen, in der Regel ihre Kinder, als Nacherben einsetzen, führt dies beim ersten Erbfall zu zwei verschiedenen Vermögensmassen. Der überlebende Ehegatte verfügt dann über den Nachlass, über den er nicht bzw. nur eingeschränkt verfügen darf, und über sein eigenes Vermögen, über das er frei verfügen kann. Die Schlusserben (z.B. die Kinder) erben dann zwei Vermögensmassen: den Nachlass des erstverstorbenen Elternteils als dessen Nacherben und das Vermögen des zuletztverstorbenen Elternteils als Vollerben.

Nur wenn der überlebende Ehegatte von den Erträgen des Nachlasses (z.B. Zinserträgen, Mieteinnahmen) oder von seinem sonstigen Einkommen (z.B. Rente) und Vermögen leben kann, kann die Anordnung der Vor- und Nacherbfolge in Betracht kommen.

Als Gestaltungsmodell kann die Vor- und Nacherbschaft auch dann sinnvoll sein, wenn der Erblasser seinen Ehegatten aus zweiter Ehe versorgen und seine Kinder aus erster Ehe als Nacherben einsetzen will. In diesem Fall muss er seinen Ehegatten als Vorerben und seine Kinder als Nacherben des Ehegatten einsetzen. Das Vermögen fällt dann seinen leiblichen Abkömmlingen zu, während seinem überlebenden Ehegatten zuvor die Nutzungen zustehen.

Verfügung über Nachlass nur des Erstversterbenden

Im gemeinschaftlichen Testament wird über das eigene Vermögen des zuletztversterbenden Ehegatten keine Verfügung getroffen. Er kann nach wie vor über sein eigenes Vermögen testamentarisch frei verfügen.

Formulierungsbeispiel

Wir, _____ [Vor- und Familiennamen des Ehegatten einsetzen] und _____ [Vor- und Familiennamen des anderen Ehegatten einsetzen], setzen uns gegenseitig zu alleinigen Vorerben ein. Nacherben des Erstversterbenden sollen unsere gemeinsamen Kinder _____ und _____ [Vor- und Familiennamen der Kinder einsetzen] zu gleichen Teilen sein.

Verfügung über Nachlässe des Erst- und Letztversterbenden

In diesem Fall sind die Nacherben des Letztversterbenden ausdrücklich auch zu Erben des Letztversterbenden bestimmt. Im Testament wird also die Erbfolge sowohl für den erst- als auch für den zuletztversterbenden Ehegatten geregelt.

Formulierungsbeispiel

Der Längstlebende von uns setzt unsere gemeinsamen Kinder zu gleichen Teilen zu seinen Erben ein. Er ist berechtigt, diese Erbeinsetzung jederzeit, auch nach dem Tod des Erstversterbenden, einseitig zu ändern.

Befreiung von gesetzlichen Beschränkungen

Selbst wenn die Vor- und Nacherbfolge deshalb angeordnet wird, weil der überlebende Ehegatte von den Erträgen des Nachlasses (z.B. Zinserträgen, Mieteinnahmen) oder von seinem sonstigen Einkommen (z.B. Rente) und Vermögen leben kann, sollte berücksichtigt werden, dass der überlebende Ehegatte unter Umständen auf die Substanz des Nachlasses zurückgreifen muss; deshalb sollte er in jedem Fall als befreiter Vorerbe eingesetzt werden (vgl. dazu 3.3.3).

Formulierungsbeispiel

Die Vorerben sind von allen gesetzlichen Beschränkungen und Verpflichtungen, soweit gemäß § 2136 BGB zulässig, befreit.

Pflichtteilsstrafklausel

Vgl. dazu 4.3.3.

Formulierungsbeispiel

Falls eines unserer Kinder nach dem Tod des Erstversterbenden gegen den Willen des Längerlebenden den Pflichtteil verlangt, soll es nicht Nacherbe und nicht Erbe des Letztversterbenden sein.

Anfechtungsverzicht

Vgl. dazu 4.3.5.

Formulierungsbeispiel

An die Bestimmungen in diesem Testament soll der Längerlebende auch dann gebunden bleiben, wenn er noch einmal heiratet oder sonst Pflichtteilsberechtigte hinzutreten. Der Längerlebende von uns verzichtet deshalb ausdrücklich auf sein Anfechtungsrecht wegen Übergehung eines Pflichtteilsberechtigten.

4.4.2 Gemeinschaftliches Testament mit Wiederverheiratungsklausel in Form der Vor- und Nacherbfolge

Heiratet der im gemeinschaftlichen Testament eingesetzte Ehepartner nach dem Tod des Erstversterbenden erneut und verstirbt er vor seinem zweiten Ehegatten, so geht das an ihn aus dem ersten Erbfall vererbte Vermögen ganz oder teilweise in eine fremde Familie, weil dem zweiten Ehegatten gesetzliche Erb- und Pflichtteilsrechte eingeräumt sind. Das gilt insbesondere auch, wenn aus der zweiten Ehe Kinder hervorgehen. Insgesamt müssen die Kinder aus der ersten Ehe bei der Wiederverheiratung des längerlebenden Ehepartners nach dem ersten Erbfall mit finanziellen Einbußen rechnen. Dem kann dadurch begegnet werden, dass der zuletztversterbende Ehegatte für den Fall, dass er sich wieder verheiratet, nur Vorerbe sein soll.

Formulierungsbeispiel

Wir, _____ [Vor- und Familiennamen des Ehegatten einsetzen] und _____ [Vor- und Familiennamen des anderen Ehegatten einsetzen], setzen uns gegenseitig zu alleinigen Erben ein. Der Längerlebende von uns ist so lange Vollerbe, solange er nicht wieder heiratet.

Heiratet der Überlebende von uns beiden wieder, so wird er nur befreiter Vorerbe, wobei er von den Beschränkungen der §§ 2113 ff. BGB befreit wird, soweit dies gesetzlich zulässig ist. Nacherben werden unsere gemeinsamen Kinder_____ und_____ [Vor- und Familiennamen der Kinder einsetzen] zu gleichen Teilen, ersatzweise deren Abkömmlinge.

Der Nacherbfall tritt mit dem Tod des Vorerben ein.

Ziel ist es, dem beim ersten Erbfall enterbten Kind auf den Zeitpunkt der Wiederverheiratung des längerlebenden Ehegatten eine angemessene Beteiligung am Nachlass zu sichern. Das, was die Ehegatten dem eingesetzten Schlusserben (im Regelfall dem Kind) zugedacht haben, soll diesem auch letztlich zukommen.

Es kann festgelegt werden, dass der überlebende Ehegatte zunächst als Vollerbe eingesetzt wird, solange er nicht wieder heiratet. Für den Fall aber, dass er sich wieder verheiratet, wird er nur zum Vorerben bestimmt. Die gemeinsamen Kinder, denen der Nachlass des Erstversterbenden erhalten werden soll, sind Nacherben.

Eine andere Möglichkeit ist die, den überlebenden Ehegatten zum unbeschränkten Vollerben einzusetzen, ihn jedoch im Falle der Wiederverheiratung mit einem Vermächtnis zugunsten der Kinder zu beschweren (z.B. mit einem Geldvermächtnis oder einem bestimmten Nachlassgegenstand wie einer Immobilie; vgl. dazu 4.3.4).

5 Mustertestamente für verschiedene Lebenssituationen

Es gibt kein Testament »von der Stange«. Jeder Fall liegt anders. Grundlage für die richtige Entscheidung sind immer Ihre individuellen Lebensumstände und Ihre persönlichen Wünsche und Interessen. Prüfen Sie also, welche Ziele Sie mit der Vermögensübertragung nach Ihrem Tod verfolgen und wen Sie absichern wollen.

Die folgenden Mustertestamente berücksichtigen verschiedene Lebenssituationen. Entspricht Ihre persönliche Interessenlage einem der dargestellten Lebensumstände, können Sie unter Umständen bei Ihrer Nachlassplanung auf die dargestellten testamentarischen Verfügungen zurückgreifen. Andernfalls können die verschiedenen Mustertestamente auch insoweit hilfreich sein, dass sich aus verschiedenen Lebenssituationen Ihre individuelle Interessenlage ergibt und Sie auf dieser Grundlage erbrechtliche Verfügungen für Ihr persönliches Testament zusammenstellen können.

Überblick über die verschiedenen Lebenssituationen

	Testament	Ausgangssituation	Seite
1.	Einzeltestament mit Erbeinsetzung der Geschwister, Einsetzung von Ersatzerben, mit Auflage und Vermächtnis	Sie sind ledig und haben keine Kinder. Ihre Eltern leben noch. Sie wollen Ihre zwei Geschwister zu gleichen Teilen als Erben einsetzen, ersatzweise Ihre Neffen und Nichten. Ihrem Sportverein wollen Sie eine Geldspende von 10.000,– € zuwenden und Ihren Geschwistern wollen Sie die Grabpflege auferlegen.	68
2.	Einzeltestament mit Erbeinsetzung eines Geschwisterteils, Einsetzung von Ersatzerben und Enterbung eines Geschwisterteils	Sie sind ledig und haben keine Kinder. Sie haben zwei Geschwister, Ihre Eltern sind bereits verstorben. Sie wollen einen Geschwisterteil als Alleinerben einsetzen, ersatzweise dessen Abkömmlinge. Der andere Geschwisterteil soll nicht Erbe sein.	71
3.	Einzeltestament mit Erbeinsetzung von ehelichen Kindern und Einsetzung von Ersatzerben, Enterbung eines nichtehelichen Kindes und Geldvermächtnis an nichteheliches Kind	Sie sind verwitwet und haben drei Kinder. Zwei Kinder sollen zu gleichen Teilen erben, ersatzweise deren Abkömmlinge. Das dritte (nichteheliche) Kind soll nicht Erbe sein, sondern ein Geldvermächtnis in Höhe seines gesetzlichen Erbteils erhalten.	72
4.	Einzeltestament mit Erbeinsetzung von Kindern und Einsetzung von Ersatzerben, Enterbung eines Kindes mit Entziehung des Pflichtteils	Sie sind verwitwet und haben drei Kinder. Zwei Kinder sollen zu gleichen Teilen erben, ersatzweise deren Abkömmlinge. Ein Kind wollen Sie enterben und ihm auch den Pflichtteil entziehen.	73
5.	Einzeltestament mit Erbeinsetzung der Kinder und Einsetzung von Ersatzerben, Teilungsanordnung und Anordnung der Testamentsvollstreckung	Sie sind verwitwet und haben drei Kinder. Ihre Kinder sollen zu gleichen Teilen erben, ersatzweise deren Abkömmlinge. Sie wollen anordnen, wie die Nachlassgegenstände unter den Kindern aufzuteilen sind. Sofern es durch die Verteilung des Nachlasses Wertverschiebungen gegenüber den den Kindern zustehenden Erbteilen kommt, sollen diese ausgeglichen werden. Durch einen Testamentsvollstrecker wollen Sie sicherstellen, dass Ihre Anordnungen durchgesetzt werden.	75
6.	Einzeltestament mit Erbeinsetzung der Kinder und Einsetzung von Ersatzerben, Vorausvermächtnis für ein Kind	Sie sind verwitwet und haben zwei Kinder. An der gesetzlichen Erbfolge wollen Sie nichts ändern. Es sollen also Ihre Kinder zu gleichen Teilen erben, ersatzweise deren Abkömmlinge. Allerdings soll ein Kind zusätzlich zu seinem Erbteil Ihr Wertpapierdepot bei der Bank erhalten, ohne diese Zuwendung gegenüber dem anderen Miterben wertmäßig ausgleichen zu müssen.	78
7.	Einzeltestament mit Erbeinsetzung des nichtehelichen Lebenspartners und mit Bedingung des Bestehens der Lebensgemeinschaft zum Zeitpunkt des Erbfalls	Sie sind ledig und haben keine Kinder. Ihre Eltern sind bereits verstorben. Sie wollen Ihren nichtehelichen Lebenspartner als Alleinerben unter der Voraussetzung einsetzen, dass zum Zeitpunkt des Erbfalls die Lebensgemeinschaft noch besteht. Andernfalls sollen Ihre Geschwister erben, ersatzweise deren Abkömmlinge.	79

	Testament	Ausgangssituation	Seite
8.	Einzeltestament mit Erbeinsetzung der Geschwister und Einsetzung von Ersatzerben sowie einem Nießbrauchsvermächtnis zugunsten des nichtehelichen Lebenspartners	Sie sind verwitwet und haben keine Kinder. Ihre Eltern sind bereits verstorben. Sie leben in einer nichtehelichen Lebensgemeinschaft. Sie wollen Ihre beiden Geschwister zu gleichen Teilen als Erben einsetzen, ersatzweise deren Abkömmlinge. Ihrem nichtehelichen Lebenspartner wollen Sie ein umfassendes Nießbrauchsrecht an Ihrer Eigentumswohnung einräumen.	81
9.	Einzeltestament mit Einsetzung des nichtehelichen Lebenspartners als Vorerbe und der Geschwister als Nacherben, ersatzweise deren Abkömmlinge	Sie sind verwitwet und haben keine Kinder. Ihre Eltern sind bereits verstorben, sie haben zwei Geschwister. Sie wollen Ihre nichteheliche Lebenspartnerin als Erbin einsetzen, allerdings soll sie nur bis zu ihrem Tod Erbe sein und ihr die Erträge aus dem Nachlass zustehen. Danach soll der Nachlass endgültig auf Ihre Geschwister und danach auf Ihre Nichten und Neffen übergehen.	83
10.	Einzeltestament mit Anordnung der Vor- und Nacherbfolge bei minderjährigem Kind mit Einsetzung von Ersatzerben und Entziehung des Vermögensverwaltungsrechts des geschiedenen Ehegatten	Sie sind geschieden und haben ein minderjähriges Kind. Sie wollen in jedem Fall verhindern, dass Ihr geschiedener Ehegatte in irgendeiner Form am Nachlass teilhaben kann oder diesen verwalten darf.	85
11.	Einzeltestament mit Enterbung des getrennt lebenden Ehegatten	Sie sind verheiratet und haben zwei Kinder. Von Ihrem Ehegatten leben Sie getrennt. Es läuft noch kein Scheidungsverfahren. Sie wollen verhindern, dass im Falle Ihres Todes während der Trennungsphase Ihr Ehepartner Erbe wird.	88
12.	Gemeinschaftliches Testament der Eheleute ohne Einsetzung von Schlusserben, mit Einsetzung von Ersatzerben und mit Geldvermächtnis an Sportverein	Sie sind verheiratet und haben keine Kinder. Sowohl Ihre Eltern als auch die Ihres Ehegatten sind bereits verstorben. Ihr Ehegatte und Sie wollen sich in einem gemeinschaftlichen Testament gegenseitig als Alleinerben einsetzen und Ersatzerben für den Längstlebenden bestimmen. Ferner wollen Sie eine Regelung für den Fall treffen, dass beide Ehepartner gleichzeitig versterben. Beim Tod des Längerlebenden soll der Sportverein in Form eines Vermächtnisses eine Geldspende in Höhe von 10.000,– € erhalten. Der Längerlebende kann frei entscheiden, wer das gemeinsame Vermögen erben soll.	89
13.	Berliner Testament der Eheleute mit Erbeinsetzung der Kinder und Einsetzung von Ersatzerben, Teilungsanordnung und Anordnung der Testamentsvollstreckung	Sie sind verheiratet und haben drei Kinder. Ihr Ehegatte und Sie wollen sich in einem gemeinschaftlichen Testament gegenseitig als Alleinerben und Ihre Kinder zu gleichen Teilen als Erben des Längerlebenden einsetzen, ersatzweise deren Abkömmlinge. Ferner wollen Sie eine Regelung für den Fall treffen, dass beide Ehepartner gleichzeitig versterben. Sie wollen anordnen, wie nach dem Tod des Längerlebenden die Nachlassgegenstände unter den Kindern aufzuteilen sind. Sofern es durch die Verteilung des Nachlasses Wertverschiebungen gegenüber den den Kindern zustehenden Erbteilen kommt, sollen diese ausgeglichen werden. Durch einen Testamentsvollstrecker wollen Sie sicherstellen, dass Teilungsanordnungen durchgesetzt werden.	91
14.	Berliner Testament der Eheleute mit Erbeinsetzung der Kinder und Einsetzung von Ersatzerben sowie Vorausvermächtnissen sowie Anordnung der Testamentsvollstreckung	Sie sind verheiratet und haben zwei Kinder. Ihr Ehegatte und Sie wollen sich in einem gemeinschaftlichen Testament gegenseitig als Alleinerben und Ihre Kinder zu gleichen Teilen als Erben des Längerlebenden einsetzen, ersatzweise deren Abkömmlinge. Ferner wollen Sie eine Regelung für den Fall treffen, dass beide Ehepartner gleichzeitig versterben. Ein Kind soll zusätzlich zu seinem Erbteil die Briefmarkensammlung und das andere Kind den Familienschmuck erhalten, ohne dass diese Zuwendungen gegenüber dem jeweiligen anderen Miterben wertmäßig ausgeglichen werden müssen. Die Vermächtnisse sollen nach dem Tod des Längerlebenden fällig werden.	94
15.	Berliner Testament der Eheleute mit Erbeinsetzung der Kinder und Einsetzung von Ersatzerben und Möglichkeit der Enterbung eines Kindes durch den Längstlebenden bei Geltendmachung des Pflichtteils	Sie sind verheiratet und haben zwei Kinder. Ihr Ehegatte und Sie wollen sich in einem gemeinschaftlichen Testament gegenseitig als Alleinerben und Ihre Kinder zu gleichen Teilen als Erben des Längerlebenden einsetzen, ersatzweise deren Abkömmlinge. Ferner wollen Sie eine Regelung für den Fall treffen, dass beide Ehepartner gleichzeitig versterben. Wenn ein Kind beim Tod des erstversterbenden Elternteils seinen Pflichtteil verlangt, soll der überlebende Ehegatte berechtigt sein, das Kind und seine Nachkommen von der Erbfolge auszuschließen.	97

	Testament	Ausgangssituation	Seite
16.	Berliner Testament der Eheleute mit Erbeinsetzung der Kinder und Einsetzung von Ersatzerben sowie automatischer Enterbung eines Kindes bei Geltendmachung des Pflichtteils	Sie sind verheiratet und haben drei Kinder. Ihr Ehegatte und Sie wollen sich in einem gemeinschaftlichen Testament gegenseitig als Alleinerben und Ihre Kinder zu gleichen Teilen als Erben des Längerlebenden einsetzen, ersatzweise deren Abkömmlinge. Ferner wollen Sie eine Regelung für den Fall treffen, dass beide Ehepartner gleichzeitig versterben. Wenn ein Kind beim Tod des erstversterbenden Elternteils seinen Pflichtteil verlangt, soll es auch nach dem Längerlebenden enterbt sein und nur den Pflichtteil erhalten. Ferner wollen Sie die als Schlusserben eingesetzten Kinder vor finanziellen Einbußen schützen, falls der längerlebende Ehegatte wieder heiratet.	99
17.	Berliner Testament der Eheleute mit Erbeinsetzung der Kinder und Einsetzung von Ersatzerben sowie Enterbung eines Kindes	Sie sind verheiratet und haben drei Kinder. Ihr Ehegatte und Sie wollen sich in einem gemeinschaftlichen Testament gegenseitig als Alleinerben und als Schlusserben zwei Kinder einsetzen, ersatzweise deren Abkömmlinge. Ein Kind soll enterbt werden. Ferner wollen Sie eine Regelung für den Fall treffen, dass beide Ehepartner gleichzeitig versterben.	102
18.	Gemeinschaftliches Testament der Eheleute mit Erbeinsetzung der Kinder und Einsetzung von Ersatzerben und Nießbrauchsvermächtnis zugunsten des längstlebenden Ehegatten	Sie sind verheiratet. In einem gemeinschaftlichen Testament wollen Sie Ihre beiden Kinder als Erben einsetzen, ersatzweise deren Abkömmlinge. Beim Tod des erstversterbenden Ehegatten soll zugunsten des Längerlebenden ein Nießbrauch am Eigenheim der Eheleute vermacht werden. Der Längerlebende soll als Testamentsvollstrecker eingesetzt werden.	104
19.	Berliner Testament der Eheleute mit Erbeinsetzung der Kinder und Einsetzung von Ersatzerben, Benennung eines Vormunds für minderjähriges Kind und Anordnung der Testamentsvollstreckung bis zum Erreichen eines bestimmten Lebensalters des Erben	Sie sind verheiratet und haben drei Kinder. Ihr Ehegatte und Sie wollen sich in einem gemeinschaftlichen Testament gegenseitig als Alleinerben und Ihre Kinder zu gleichen Teilen als Erben des Längerlebenden einsetzen, ersatzweise deren Abkömmlinge. Ferner wollen Sie eine Regelung für den Fall treffen, dass beide Ehepartner gleichzeitig versterben. Für den Fall, dass beim Tod des Längerlebenden ein Kind noch minderjährig ist, wollen Sie einen Vormund benennen. Ferner wollen Sie Testamentsvollstreckung anordnen, bis das jüngste Kind das 25. Lebensjahr vollendet hat.	106
20.	Berliner Testament der Eheleute mit Erbeinsetzung der Kinder und Einsetzung von Ersatzerben, mit Teilungsverbot und Anordnung der Testamentsvollstreckung	Sie sind verheiratet und haben zwei Kinder. Ihr Ehegatte und Sie wollen sich in einem gemeinschaftlichen Testament gegenseitig als Alleinerben und Ihre Kinder zu gleichen Teilen als Erben des Längerlebenden einsetzen, ersatzweise deren Abkömmlinge. Ferner wollen Sie eine Regelung für den Fall treffen, dass beide Ehepartner gleichzeitig versterben. Im Nachlass befindet sich ein Ferienhaus, das den Eheleuten je zur Hälfte gehört. Dieses Haus soll in der Erbengemeinschaft verbleiben, bis der jüngste Erbe das 25. Lebensjahr vollendet hat. Zur Sicherstellung des Teilungsverbots soll Testamentsvollstreckung angeordnet werden.	109
21.	Gemeinschaftliches Testament der Eheleute in Patchworkfamilie	Sie sind verheiratet und haben aus erster Ehe zwei Kinder. Ihr Ehegatte hat ein Kind aus der geschiedenen ersten Ehe. Gemeinsame Kinder sind nicht vorhanden. Sie möchten mit Ihrem Ehepartner ein gemeinschaftliches Testament errichten und festlegen, dass Sie sich beim Tod des Erstversterbenden zwar gegenseitig finanziell versorgen, gleichzeitig aber sicherstellen, dass der Nachlass dann nach dem Tod des Längstlebenden an die leiblichen Kinder jeweils aus der ersten Ehe fällt. Insbesondere soll verhindert werden, dass ein Stiefkind erbrechtliche Ansprüche auf den Nachlass eines Stiefelternteils geltend machen kann.	112
22.	Einzeltestament mit Einsetzung eines verschuldeten Kindes als Vorerbe und Anordnung der Testamentsvollstreckung	Sie sind verwitwet und haben zwei Kinder. Ihre Kinder sollen zu gleichen Teilen erben. Ein Kind ist hoch verschuldet. Sie wollen in Ihrem Testament Vorsorge treffen, dass die Gläubiger dieses Kindes nach Ihrem Tod nicht auf den Erbteil des Kindes zugreifen können.	114
23.	Gemeinschaftliches Testament der Eheleute mit Einsetzung eines behinderten Kindes als Vorerbe und Anordnung der Testamentsvollstreckung	Sie sind verheiratet und haben mit ihrem Ehegatten zwei gemeinsame Kinder. Ein Kind ist behindert und pflegebedürftig. Er lebt in einem Heim und bezieht Sozialhilfe. Sie wollen auch das behinderte Kind als Miterben einsetzen, gleichzeitig aber dessen Erbteil vor dem Zugriff des Sozialamts schützen. In jedem Fall aber wollen Sie sicherstellen, dass das behinderte Kind über den Grundbedarf, der vom Sozialamt übernommen wird, hinaus finanzielle Annehmlichkeiten erhält.	116

	Testament	Ausgangssituation	Seite
24.	Einzeltestament mit Erbeinsetzung und Auflage zur Sicherstellung der Versorgung eines Haustiers	Sie sind ledig und haben keine Kinder. Ihre Eltern sind bereits verstorben, Geschwister haben Sie keine. In erster Linie wollen Sie durch ein entsprechendes Testament sicherstellen, dass nach Ihrem Tod Ihre Haustiere versorgt sind. Zuwendungen in Ihrem Testament wollen Sie deshalb mit einer entsprechenden Auflage für den Zuwendungsempfänger verbinden.	120
25.	Einzeltestament mit Erbeinsetzung und Einsetzung von Ersatzerben sowie Rechtswahlbestimmung bei Vermögen im EU-Ausland	Sie sind ledig und haben keine Kinder. Sie haben zwei Geschwister, Ihre Eltern sind bereits verstorben. Sie wollen einen Geschwisterteil als Alleinerben einsetzen, ersatzweise dessen Abkömmlinge. Der andere Geschwisterteil soll nicht Erbe sein. Im Nachlass befindet sich eine Immobilie an der Côte d'Azur in Frankreich. Sie wollen, dass bei der Übertragung der Immobilie im Wege der Erbfolge deutsches Erbrecht Anwendung findet.	122

5.1 Einzeltestament mit Erbeinsetzung der Geschwister, Einsetzung von Ersatzerben, mit Auflage und Vermächtnis

Ausgangssituation: Sie sind ledig und haben keine Kinder. Ihre Eltern leben noch. Sie wollen Ihre zwei Geschwister zu gleichen Teilen als Erben einsetzen, ersatzweise Ihre Neffen und Nichten. Ihrem Sportverein wollen Sie eine Geldspende von 10.000,– € zuwenden und Ihren Geschwistern wollen Sie die Grabpflege auferlegen.

Testament

Vorsorglich widerrufe ich alle Verfügungen von Todes wegen, die ich bisher errichtet habe.

Ich setze meine Geschwister ____________________ *und* ____________________ [jeweils Vor- und Familiennamen der Geschwister einsetzen] *zu meinen unbeschränkten Erben ein. Als Ersatzerben bestimme ich deren Abkömmlinge.*

____________________ [Name des Sportvereins einsetzen] *erhält im Wege des Vermächtnisses einen Geldbetrag in Höhe von 10.000 Euro. Dieser Betrag verändert sich in demselben Verhältnis wie der vom Statistischen Bundesamt festgestellte Verbraucherpreisindex der Bundesrepublik Deutschland. Bezugsgrößen für die Indexierung sind der Monat, in dem dieses Testament errichtet wurde, und der Monat, für welchen beim Erbfall die aktuellsten Indexzahlen veröffentlicht sind.*

Meinen Erben mache ich zur Auflage, meine Grabstätte entsprechend den örtlichen Gepflogenheiten zu pflegen und zu schmücken.

____________________, ____________

[Ort, Datum]

____

[Unterschrift]

Ihre Eltern gehören zu den gesetzlichen Erben. Durch die Erbeinsetzung Ihrer Geschwister sind die Eltern damit zwangsläufig enterbt. Enterbte Eltern können den Pflichtteil verlangen (vgl. dazu 1.1). Ihre Geschwister müssen deshalb damit rechnen, dass Sie im Erbfall mit Pflichtteilsansprüchen der Eltern konfrontiert werden. Wirksam können die Eltern nur durch einen Vertrag mit dem Erblasser auf den Pflichtteil verzichten. Der Vertrag bedarf der notariellen Beurkundung.

Widerruf testamentarischer Verfügungen

Wenn Sie bereits ein Testament errichtet haben, müssen Sie entscheiden, ob dieses noch gelten soll oder nicht. Kraft Gesetzes wird ein früheres Testament unwirksam, wenn es durch ein späteres aufgehoben wird. Am besten ist es, wenn Sie ein vorhandenes Testament widerrufen und alles neu regeln, wenn frühere testamentarische Verfügungen nicht mehr gelten sollen.

Um Zweifel zu vermeiden, inwieweit frühere Verfügungen von Todes wegen fortgelten sollen, sollten Sie vorsorglich alle etwaigen Testamente widerrufen.

Formulierungsbeispiel

Testament

Vorsorglich widerrufe ich alle Verfügungen von Todes wegen, die ich bisher errichtet habe.

Erbeinsetzung

Ihre Geschwister müssen Sie ausdrücklich als Erben bestimmen. Sie können nicht einfach auf die gesetzliche Erbfolge verweisen, weil hiernach Ihre Eltern Erben wären.

Zwar geht bereits das Gesetz davon aus, dass die Abkömmlinge bedacht sind, wenn der Erbe nach der Errichtung des Testaments wegfällt (z.B. durch Tod oder Ausschlagung der Erbschaft), unabhängig davon sollten jedoch die Abkömmlinge testamentarisch ausdrücklich als Ersatzerben eingesetzt werden.

Formulierungsbeispiel

Ich setze meine Geschwister _____ und _____ [jeweils Vor- und Familiennamen der Geschwister einsetzen] zu meinen unbeschränkten Erben ein. Als Ersatzerben bestimme ich deren Abkömmlinge.

Geldspende

Die Zuwendung an den Verein erfolgt in Form eines Vermächtnisses (vgl. dazu 3.5). Belastet werden mit dem Vermächtnis die Geschwister des Erblassers.

Sinnvoll ist es, den Geldbetrag mit einer Indexklausel, die auf einen vom Statistischen Bundesamt ermittelten Index der Lebenshaltungskosten oder Verbraucherpreise Bezug nimmt, vor dem Geldwertverfall zu sichern.

Formulierungsbeispiel

_____ [Name des Sportvereins einsetzen] erhält im Wege des Vermächtnisses einen Geldbetrag in Höhe von 10.000,– €. Dieser Betrag verändert sich in demselben Verhältnis wie der vom Statistischen Bundesamt festgestellte Verbraucherpreisindex der Bundesrepublik Deutschland. Bezugsgrößen für die Indexierung sind der Monat, in dem dieses Testament errichtet wurde, und der Monat, für welchen beim Erbfall die aktuellsten Indexzahlen veröffentlicht sind.

Grabpflege

Die Verpflichtung zur Grabpflege trifft die Erben nur bei entsprechender Anordnung im Testament. Die gesetzliche Verpflichtung der Erben, die Beerdigungskosten zu tragen, umfasst nicht die spätere Grabpflege. Die Verpflichtung zur Grabpflege erfolgt im Rahmen einer erbrechtlichen Auflage (vgl. dazu 3.6).

Formulierungsbeispiel

Meinen Erben mache ich zur Auflage, meine Grabstätte entsprechend den örtlichen Gepflogenheiten zu pflegen und zu schmücken.

Ort, Datum und Unterschrift

Vgl. dazu 2.2.

Formulierungsbeispiel

_____, _____

[Ort, Datum]

_____

[Unterschrift]

5.2 Einzeltestament mit Erbeinsetzung eines Geschwisterteils, Einsetzung von Ersatzerben und Enterbung eines Geschwisterteils

Ausgangssituation: Sie sind ledig und haben keine Kinder. Sie haben zwei Geschwister, Ihre Eltern sind bereits verstorben. Sie wollen einen Geschwisterteil als Alleinerben einsetzen, ersatzweise dessen Abkömmlinge. Der andere Geschwisterteil soll nicht Erbe sein.

Testament

Vorsorglich widerrufe ich alle Verfügungen von Todes wegen, die ich bisher errichtet habe.

Ich setze ________________ [Vor- und Familiennamen des Geschwisterteils, der Erbe sein soll, einsetzen] *zu meinem unbeschränkten Alleinerben ein. Als Ersatzerben bestimme ich dessen Abkömmlinge.*

________________ [Vor- und Familiennamen des Geschwisterteils, der enterbt werden soll, einsetzen] *enterbe ich.*

________________, __________

[Ort, Datum]

____

[Unterschrift]

Sie können nach Ihrem Belieben über Ihren Nachlass verfügen. Ihre Geschwister gehören nicht zu den Pflichtteilsberechtigten. Der enterbte Geschwisterteil kann also gegen Ihren Alleinerben keine Pflichtteilsansprüche geltend machen.

Widerruf testamentarischer Verfügungen

Vgl. dazu Testamentsmuster 5.1.

Formulierungsbeispiel

Testament

Vorsorglich widerrufe ich alle Verfügungen von Todes wegen, die ich bisher errichtet habe.

Erbeinsetzung

Weil Ihre Geschwister Ihre gesetzlichen Erben sind, müssen Sie den von Ihnen als Erben vorgesehenen Geschwisterteil ausdrücklich zum Alleinerben einsetzen.

Zur Einsetzung von Ersatzerben vgl. Testamentsmuster 5.1.

Formulierungsbeispiel

Ich setze _____ [Vor- und Familiennamen des Geschwisterteils, der Erbe sein soll, einsetzen] zu meinem unbeschränkten Alleinerben ein. Als Ersatzerben bestimme ich dessen Abkömmlinge.

Enterbung

Wenn Sie einen Geschwisterteil als Alleinerben einsetzen, ist der andere Geschwisterteil zwar zwangsläufig enterbt, gleichwohl können Sie dessen Enterbung nochmals ausdrücklich bestimmen.

Formulierungsbeispiel

_____ [Vor- und Familiennamen des Geschwisterteils, der enterbt werden soll, einsetzen] enterbe ich.

Ort, Datum und Unterschrift

Vgl. dazu 2.2.

Formulierungsbeispiel

_____, _____[Ort, Datum]

_____[Unterschrift]

5.3 Einzeltestament mit Erbeinsetzung von ehelichen Kindern und Einsetzung von Ersatzerben, Enterbung eines nichtehelichen Kindes und Geldvermächtnis an nichteheliches Kind

Ausgangssituation: Sie sind verwitwet und haben drei Kinder. Zwei Kinder sollen zu gleichen Teilen erben, ersatzweise deren Abkömmlinge. Das dritte (nichteheliche) Kind soll nicht Erbe sein, sondern ein Geldvermächtnis in Höhe seines gesetzlichen Erbteils erhalten.

Testament

Ich unterliege keiner Bindung aus einer früheren Verfügung von Todes wegen.

Vorsorglich widerrufe ich alle Verfügungen von Todes wegen, die ich bisher errichtet habe.

Ich setze meine Kinder ______________________ *und* ______________________ [jeweils Vor- und Familiennamen der Kinder einsetzen] *zu meinen unbeschränkten Erben ein. Als Ersatzerben bestimme ich deren Abkömmlinge.*

Mein Kind ______________________ [Vor- und Familiennamen des Kindes, das das Geldvermächtnis erhalten soll, einsetzen] *erhält ein Geldvermächtnis in Höhe seines gesetzlichen Erbteils. Der Vermächtnisanspruch ist innerhalb von* ____ *Monaten nach Eintritt des Erbfalls fällig.*

______________________, ____________

[Ort, Datum]

____

[Unterschrift]

Wenn Sie Ihr nichteheliches Kind enterben und ihm ein Vermächtnis zuwenden, wird das Kind nicht Mitglied der Erbengemeinschaft. Das kann insbesondere dann sinnvoll sein, wenn es sich um ein nichteheliches Kind handelt und Probleme oder Streitigkeiten unter den Miterben zu befürchten sind.

Auch das nichteheliche Kind ist gesetzlicher Erbe. Im Falle der Enterbung kann es den Pflichtteil verlangen (vgl. dazu 1.1).

Bindung an frühere Verfügungen von Todes wegen

Die Testierfreiheit des Erblassers, also sein Recht, über sein Vermögen nach seinem Tod durch erbrechtliche Anordnungen zu verfügen, kann eingeschränkt sein. Das ist u.a. der Fall, wenn er mit seinem verstorbenen Ehegatten ein gemeinschaftliches Testament errichtet hat und dieses Testament auch Regelungen für den Tod des Erblassers enthält. In diesem Fall ist eine spätere Verfügung des Erblassers unwirksam, soweit diese der früheren bindenden Verfügung entgegensteht (vgl. dazu 2.3).

Formulierungsbeispiel

Testament

Ich unterliege keiner Bindung aus einer früheren Verfügung von Todes wegen.

Widerruf testamentarischer Verfügungen

Vgl. dazu Mustertestament 5.1.

Formulierungsbeispiel

Vorsorglich widerrufe ich alle Verfügungen von Todes wegen, die ich bisher errichtet habe.

Erbeinsetzung

Weil alle drei Kinder gesetzliche Erben sind, müssen Sie die von Ihnen als Erben vorgesehenen Kinder ausdrücklich zu Alleinerben einsetzen. Damit ist das nicht als Erbe eingesetzte Kind zwangsläufig enterbt.

Zur Einsetzung von Ersatzerben vgl. Mustertestament 5.1.

Formulierungsbeispiel

Ich setze meine Kinder_____ und_____ [jeweils Vor- und Familiennamen der Kinder einsetzen] zu meinen unbeschränkten Erben ein. Als Ersatzerben bestimme ich deren Abkömmlinge.

Vermächtnis zugunsten des enterbten Kindes

Das Vermächtnis wird auf den Pflichtteil des Kindes angerechnet.

Ist das enterbte Kind mit einem Vermächtnis bedacht, so kann es den Pflichtteil nur verlangen, wenn es das Vermächtnis ausschlägt. Nimmt das Kind das Vermächtnis an, kann es als Pflichtteilsanspruch die Differenz zwischen dem Pflichtteil und dem Wert des Vermächtnisses verlangen. Der Pflichtteil entfällt, wenn das Vermächtnis mehr Wert ist als der rechnerische Pflichtteil.

Formulierungsbeispiel

Mein Kind_____ [Vor- und Familiennamen des Kindes, das das Geldvermächtnis erhalten soll, einsetzen] erhält ein Geldvermächtnis in Höhe seines gesetzlichen Erbteils. Der Vermächtnisanspruch ist innerhalb von _____ Monaten nach Eintritt des Erbfalls fällig.

Ort, Datum und Unterschrift

Vgl. dazu 2.2.

Formulierungsbeispiel

_____, _____

[Ort, Datum]

_____

[Unterschrift]

5.4 Einzeltestament mit Erbeinsetzung von Kindern und Einsetzung von Ersatzerben, Enterbung eines Kindes mit Entziehung des Pflichtteils

Ausgangssituation: Sie sind verwitwet und haben drei Kinder. Zwei Kinder sollen zu gleichen Teilen erben, ersatzweise deren Abkömmlinge. Ein Kind wollen Sie enterben und ihm auch den Pflichtteil entziehen.

Ihre Kinder gehören zu den gesetzlichen Erben. Gleichwohl können Sie ein Kind enterben. Einer Begründung im Testament bedarf es nicht. Ein enterbtes Kind kann allerdings den Pflichtteil verlangen. Dieser Anspruch kann dem Kind nur unter engen Voraussetzungen entzogen werden (vgl. dazu 3.4.3).

Bindung an frühere Verfügungen von Todes wegen

Vgl. dazu Mustertestament 5.3.

Formulierungsbeispiel

Testament

Ich unterliege keiner Bindung aus einer früheren Verfügung von Todes wegen.

Widerruf testamentarischer Verfügungen

Vgl. dazu Mustertestament 5.1.

Formulierungsbeispiel

Vorsorglich widerrufe ich alle Verfügungen von Todes wegen, die ich bisher errichtet habe.

Erbeinsetzung

Vgl. dazu Mustertestament 5.3.

Zur Einsetzung von Ersatzerben vgl. Mustertestament 5.1.

Formulierungsbeispiel

Ich setze meine Kinder_____ und_____ [jeweils Vor- und Familiennamen der Kinder einsetzen] zu meinen unbeschränkten Erben ein. Als Ersatzerben bestimme ich deren Abkömmlinge.

Testament

Ich unterliege keiner Bindung aus einer früheren Verfügung von Todes wegen.

Vorsorglich widerrufe ich alle Verfügungen von Todes wegen, die ich bisher errichtet habe.

Ich setze meine Kinder ______________________ *und* ______________________ [jeweils Vor- und Familiennamen der Kinder einsetzen] *zu meinen unbeschränkten Erben ein. Als Ersatzerben bestimme ich deren Abkömmlinge.*

Mein Kind ______________________ [Vor- und Familiennamen des Kindes, das enterbt werden soll, einsetzen] *enterbe ich. Ich entziehe ihm auch den Pflichtteil aus folgenden Gründen:*

____

[Angabe der Gründe, Tatzeiten, Beweise].

Z. B.: Mein Sohn hatte in der Vergangenheit wiederholt finanzielle Schwierigkeiten. Ich habe ihn so gut es ging finanziell unterstützt. Am ____________ [Datum einsetzen] *hat er mich zum wiederholten Male um einen größeren Geldbetrag gebeten. Weil ich finanziell nicht in der Lage war, ihm zu helfen, kam es zu einer handgreiflichen Auseinandersetzung. Mein Sohn hat mehrmals auf mich eingeschlagen und mich getreten. Ich erlitt einen Nasenbeinbruch und schwere Rippenprellungen. Das Attest meines Arztes vom* ____________ [Datum einsetzen] *ist in der Anlage beigefügt. Ich entbinde ihn ausdrücklich von der ärztlichen Schweigepflicht. Ferner steht meine Tochter* ______________________ [Vor- und Familiennamen des Erben einsetzen] *als Zeugin zur Verfügung.*

[Oder]

Mein Sohn war in meiner Firma als Prokurist angestellt. Er hat in diesem Zusammenhang wiederholt Unterschlagungen vorgenommen und Steuern hinterzogen. Deswegen wurde er vom ______________________ [Name des Gerichts] *am* ____________ *zu einer Freiheitsstrafe von* _____ *Jahren ohne Bewährung verurteilt. Mein Sohn hat mir und meinem Unternehmen durch seine Handlungen massiven Schaden zugefügt. Zudem wiegen diese Taten für mich besonders schwer, weil er als mein Nachfolger im Unternehmen vorgesehen war.*

______________________, ____________

[Ort, Datum]

____

[Unterschrift]

Enterbung

Vgl. dazu Mustertestament 5.2.

Formulierungsbeispiel

Mein Kind _____ [Vor- und Familiennamen des Kindes, das enterbt werden soll, einsetzen] enterbe ich.

Entziehung des Pflichtteils

Die Entziehung des Pflichtteils müssen Sie in Ihrem Testament ausdrücklich erklären.

Der Grund der Entziehung muss konkret dargelegt werden. Es reicht nicht aus, dass der Erblasser allgemein feststellt, dass der Pflichtteil beispielsweise wegen des »Lebenswandels« des Sohnes oder »psychischer Qualen«, die ihm zugefügt wurden, entzogen wird.

Der Grund für die Entziehung des Pflichtteils ist nur dann formgerecht erklärt, wenn im Testament zumindest ein zutreffender Kernsachverhalt angegeben wird. Dabei muss der Sachverhalt zumindest stichwortartig niedergelegt werden.

Unklare und unvollständige Formulierungen im Testament führen zur Unwirksamkeit der Pflichtteilsentziehung.

Formulierungsbeispiel

Ich entziehe ihm auch den Pflichtteil aus folgenden Gründen: _____ [Angabe der Gründe, Tatzeiten, Beweise].

Verbrechen oder schweres vorsätzliches Vergehen

Einem Abkömmling kann der Pflichtteil entzogen werden, wenn er sich gegenüber dem Erblasser eines Verbrechens oder schweren vorsätzlichen Vergehens schuldig macht.

Formulierungsbeispiel

Z.B.: Mein Sohn hatte in der Vergangenheit wiederholt finanzielle Schwierigkeiten. Ich habe ihn so gut es ging finanziell unterstützt. Am _____ [Datum einsetzen] hat er mich zum wiederholten Male um einen größeren Geldbetrag gebeten. Weil ich finanziell nicht in der Lage war, ihm zu helfen, kam es zu einer handgreiflichen Auseinandersetzung. Mein Sohn hat mehrmals auf mich eingeschlagen und mich getreten. Ich erlitt einen Nasenbeinbruch und schwere Rippenprellungen. Das Attest meines Arztes vom _____ [Datum einsetzen] ist in der Anlage beigefügt. Ich entbinde ihn ausdrücklich von der ärztlichen Schweigepflicht. Ferner steht meine Tochter _____ [Vor- und Familiennamen des Erben einsetzen] als Zeugin zur Verfügung.

Rechtskräftige Verurteilung

Einem Abkömmling kann der Pflichtteil entzogen werden, wenn er wegen einer vorsätzlichen Straftat zu einer Freiheitsstrafe von mindestens einem Jahr ohne Bewährung rechtskräftig verurteilt wird und die Teilhabe des Abkömmlings am Nachlass deshalb für den Erblasser unzumutbar ist.

Formulierungsbeispiel

Mein Sohn war in meiner Firma als Prokurist angestellt. Er hat in diesem Zusammenhang wiederholt Unterschlagungen vorgenommen und Steuern hinterzogen. Deswegen wurde er vom _____ [Name des Gerichts] am _____ zu einer Freiheitsstrafe von _____ Jahren ohne Bewährung verurteilt. Mein Sohn hat mir und meinem Unternehmen durch seine Handlungen massiven Schaden zugefügt. Zudem wiegen diese Taten für mich besonders schwer, weil er als mein Nachfolger im Unternehmen vorgesehen war.

Ort, Datum und Unterschrift

Vgl. dazu 2.2.

Formulierungsbeispiel

_____, _____

[Ort, Datum]

_____

[Unterschrift]

5.5 Einzeltestament mit Erbeinsetzung der Kinder und Einsetzung von Ersatzerben, Teilungsanordnung und Anordnung der Testamentsvollstreckung

Ausgangssituation: Sie sind verwitwet und haben drei Kinder. Ihre Kinder sollen zu gleichen Teilen erben, ersatzweise deren Abkömmlinge. Sie wollen anordnen, wie die Nachlassgegenstände unter den Kindern aufzuteilen sind. Sofern es durch die Verteilung des Nachlasses Wertverschiebungen gegenüber den den Kindern zustehenden Erbteilen kommt, sollen diese ausgeglichen werden. Durch einen Testamentsvollstrecker wollen Sie sicherstellen, dass Ihre Anordnungen durchgesetzt werden.

Wenn mehrere Personen erben, entsteht mit dem Erbfall zwangsläufig eine Erbengemeinschaft. Der Nachlass ist dann gemeinschaftliches Vermögen der Erben. Jedem Miterben steht der im Testament festgelegte Bruchteil des Nachlasses zu. Ein Miterbe allein kann nicht über einzelne Nachlassgegenstände verfügen. Wenn Sie Regelungen treffen wollen, wie Ihre Erben die einzelnen Vermögensgegenstände untereinander aufteilen sollen, müssen Sie eine Teilungsanordnung treffen (vgl. dazu 3.7). Auch die Anordnung der Testa-

Testament

Ich unterliege keiner Bindung aus einer früheren Verfügung von Todes wegen.

Vorsorglich widerrufe ich alle Verfügungen von Todes wegen, die ich bisher errichtet habe.

Ich setze meine Kinder ______________________, ______________________ *und* ______________________ [jeweils Vor- und Familiennamen der Kinder einsetzen] *zu meinen unbeschränkten Erben ein. Als Ersatzerben bestimme ich deren Abkömmlinge.*

Für die Auseinandersetzung des Nachlasses treffe ich folgende Anordnungen:

______________________ [Vor- und Familiennamen des Miterben einsetzen] *erhält das Hausgrundstück* ______________________ [genaue Bezeichnung der Immobilie].

______________________ [Vor- und Familiennamen des Miterben einsetzen] *erhält die Eigentumswohnung* ______________________ [genaue Bezeichnung der Immobilie] *und mein Guthaben auf dem Sparbuch* ______________________ *bei der* ______________________ [genaue Bezeichnung des Sparbuchs und der Bank].

______________________ [Vor- und Familiennamen des Miterben einsetzen] *erhält mein Wertpapierdepot* ______________ *bei der* ______________________ [genaue Bezeichnung des Depots und der Bank].

Der jeweils anzurechnende Wert für die Immobilien ist auf Kosten des Nachlasses durch ein Verkehrswertgutachten des örtlichen Gutachterausschusses zu ermitteln.

Ich stelle hiermit ausdrücklich klar, dass es sich um eine reine Teilungsanordnung handelt und der jeweilige Miterbe den Nachlassgegenstand unter Anrechnung auf seinen Erbteil bzw. Ausgleichung aus seinem sonstigen Vermögen erhält.

Ich ordne Testamentsvollstreckung an. Der Testamentsvollstrecker hat die Aufgabe, den Nachlass entsprechend meinen Anordnungen zu verteilen. Zum Testamentsvollstrecker bestimme ich ______________________ [Vor- und Familiennamen des Testamentsvollstreckers einsetzen]. *Der Testamentsvollstrecker erhält keine Vergütung.*

______________________, ______________

[Ort, Datum]

____

[Unterschrift]

mentsvollstreckung bedarf einer ausdrücklichen testamentarischen Verfügung (vgl. dazu 3.9).

Bindung an frühere Verfügungen von Todes wegen

Vgl. dazu Testamentsmuster 5.3.

Formulierungsbeispiel

Testament

Ich unterliege keiner Bindung aus einer früheren Verfügung von Todes wegen.

Widerruf testamentarischer Verfügungen

Vgl. dazu Testamentsmuster 5.1.

Formulierungsbeispiel

Vorsorglich widerrufe ich alle Verfügungen von Todes wegen, die ich bisher errichtet habe.

Erbeinsetzung

Wenn Sie Ihre drei Kinder zu gleichen Teilen als Erben einsetzen, ändern Sie nichts an der gesetzlichen Erbfolge. Unabhängig davon können Sie in Ihrem Testament nochmals ausdrücklich die gesetzliche Erbfolge bestätigen.

Zur Einsetzung von Ersatzerben vgl. Testamentsmuster 5.1.

Formulierungsbeispiel

Ich setze meine Kinder ____, ____ und ____ [jeweils Vor- und Familiennamen der Kinder einsetzen] zu meinen unbeschränkten Erben ein. Als Ersatzerben bestimme ich deren Abkömmlinge.

Teilungsanordnung

Wichtig ist, dass im Testament zum Ausdruck kommt, dass Sie keine Änderung der Erbteile der Miterben wünschen. Sie können sich im Testament darauf beschränken, den Miterben bestimmte Nachlassgegenstände zuzuweisen. Um jeglichen Zweifel zu vermeiden, ist es jedoch sinnvoll, im Testament ausdrücklich darauf hinzuweisen, dass die Zuteilung von Nachlassgegenständen jeweils unter Anrechnung auf den Erbteil des jeweiligen Miterben erfolgt.

Der Erbe muss sich den Wert des ihm zugewendeten Nachlassgegenstands voll auf seinen Erbteil anrechnen lassen. Ist der Wert des zugewiesenen Gegenstands höher als der Erbanteil, muss der Ausgleich mit den anderen Erben aus dem Privatvermögen des Erben erfolgen.

Formulierungsbeispiel

Für die Auseinandersetzung des Nachlasses treffe ich folgende Anordnungen:

____ [Vor- und Familiennamen des Miterben einsetzen] erhält das Hausgrundstück ____ [genaue Bezeichnung der Immobilie].

____ [Vor- und Familiennamen des Miterben einsetzen] erhält die Eigentumswohnung ____ [genaue Bezeichnung der Immobilie] und mein Guthaben auf dem Sparbuch ____ bei der ____ [genaue Bezeichnung des Sparbuchs und der Bank].

____ [Vor- und Familiennamen des Miterben einsetzen] erhält mein Wertpapierdepot ____ bei der ____ [genaue Bezeichnung des Depots und der Bank].

Der jeweils anzurechnende Wert für die Immobilien ist auf Kosten des Nachlasses durch ein Verkehrswertgutachten des örtlichen Gutachterausschusses zu ermitteln.

Ich stelle hiermit ausdrücklich klar, dass es sich um eine reine Teilungsanordnung handelt und der jeweilige Miterbe den Nachlassgegenstand unter Anrechnung auf seinen Erbteil bzw. Ausgleichung aus seinem sonstigen Vermögen erhält.

Testamentsvollstreckung

Mit einer Teilungsanordnung können Sie zwar verfügen, dass der Nachlass entsprechend Ihren Anordnungen unter den Erben aufgeteilt wird, Ihre Anordnungen führen aber nicht von selbst zur Aufteilung. Die Erben sind also, wenn sie sich untereinander einig sind, nicht gehindert, eine andere Verteilung vorzunehmen. Wenn Sie sicherstellen wollen, dass Ihre Teilungsanordnung tatsächlich umgesetzt wird, müssen Sie entsprechende testamentarische Vorkehrungen treffen.

Formulierungsbeispiel

Ich ordne Testamentsvollstreckung an. Der Testamentsvollstrecker hat die Aufgabe, den Nachlass entsprechend meinen Anordnungen zu verteilen. Zum Testamentsvollstrecker bestimme ich ____ [Vor- und Familiennamen des Testamentsvollstreckers einsetzen]. Der Testamentsvollstrecker erhält keine Vergütung.

Ort, Datum und Unterschrift

Vgl. dazu 2.2.

Formulierungsbeispiel

____, ____

[Ort, Datum]

____

[Unterschrift]

5.6 Einzeltestament mit Erbeinsetzung der Kinder und Einsetzung von Ersatzerben, Vorausvermächtnis für ein Kind

Ausgangssituation: Sie sind verwitwet und haben zwei Kinder. An der gesetzlichen Erbfolge wollen Sie nichts ändern. Es sollen also Ihre Kinder zu gleichen Teilen erben, ersatzweise deren Abkömmlinge. Allerdings soll ein Kind zusätzlich zu seinem Erbteil Ihr Wertpapierdepot bei der Bank erhalten, ohne diese Zuwendung gegenüber dem anderen Miterben wertmäßig ausgleichen zu müssen.

Testament

Ich unterliege keiner Bindung aus einer früheren Verfügung von Todes wegen.

Vorsorglich widerrufe ich alle Verfügungen von Todes wegen, die ich bisher errichtet habe.

Ich setze meine Kinder ______________________ *und* ______________________ [jeweils Vor- und Familiennamen der Kinder einsetzen] *zu meinen unbeschränkten Erben ein. Als Ersatzerben bestimme ich deren Abkömmlinge.*

______________________ [Vor- und Familiennamen des Miterben einsetzen, dem zusätzlich ein Vermächtnis zugewandt werden soll] *vermache ich darüber hinaus ohne Anrechnung auf den Erbteil mein Wertpapierdepot* ______________ *bei der* ______________________ [genaue Bezeichnung des Depots und der Bank]. *Das Vermächtnis ist unverzüglich nach meinem Tod zu erfüllen.*

______________________, ______________

[Ort, Datum]

____

[Unterschrift]

Wenn mehrere Personen erben, entsteht mit dem Erbfall eine Erbengemeinschaft. Der Nachlass ist dann gemeinschaftliches Vermögen der Erben. Jedem Miterben steht der im Testament festgelegte Bruchteil des Nachlasses zu. Ein Miterbe allein kann nicht über einzelne Nachlassgegenstände verfügen. Über die Erbeinsetzung hinaus können Sie einem Miterben zusätzlich zu seinem Erbteil einen Nachlassgegenstand zuwenden. Man spricht dann von einem Vorausvermächtnis (vgl. dazu 3.7.2).

Bindung an frühere Verfügungen von Todes wegen

Vgl. dazu Testamentsmuster 5.3.

Formulierungsbeispiel

Testament

Ich unterliege keiner Bindung aus einer früheren Verfügung von Todes wegen.

Widerruf testamentarischer Verfügungen

Vgl. dazu Testamentsmuster 5.1.

Formulierungsbeispiel

Vorsorglich widerrufe ich alle Verfügungen von Todes wegen, die ich bisher errichtet habe.

Erbeinsetzung

Wenn Sie Ihre zwei Kinder zu gleichen Teilen als Erben einsetzen, ändern Sie nichts an der gesetzlichen Erbfolge. Unabhängig davon können Sie in Ihrem Testament nochmals ausdrücklich die gesetzliche Erbfolge bestätigen.

Zur Einsetzung von Ersatzerben vgl. Testamentsmuster 5.1.

Formulierungsbeispiel

Ich setze meine Kinder_____ und_____ [jeweils Vor- und Familiennamen der Kinder einsetzen] zu meinen unbeschränkten Erben ein. Als Ersatzerben bestimme ich deren Abkömmlinge.

Vorausvermächtnis

Mit einem Vorausvermächtnis wenden Sie einem Miterben einen bestimmten Gegenstand zu, ohne dass damit eine Anrechnung auf dessen Erbteil verbunden ist. Mit dieser testamentarischen Verfügung haben Sie die Möglichkeit, einen einzelnen Miterben gegenüber einem anderen Miterben wertmäßig zu begünstigen.

Der Vermächtnisnehmer hat bereits vor der Teilung des Nachlasses einen Anspruch gegenüber dem anderen Miterben auf Übertragung des vermachten Gegenstands. Die Erbquoten werden dann nach dem verbleibenden Nachlass ohne den vermachten Gegenstand berechnet.

Formulierungsbeispiel

_____ [Vor- und Familiennamen des Miterben einsetzen, dem zusätzlich ein Vermächtnis zugewandt werden soll] vermache ich darüber hinaus ohne Anrechnung auf den Erbteil mein Wertpapierdepot_____ bei der _____ [genaue Bezeichnung des Depots und der Bank]. Das Vermächtnis ist unverzüglich nach meinem Tod zu erfüllen.

Ort, Datum und Unterschrift

Vgl. dazu 2.2.

Formulierungsbeispiel

_____, _____

[Ort, Datum]

_____

[Unterschrift]

5.7 Einzeltestament mit Erbeinsetzung des nichtehelichen Lebenspartners und mit Bedingung des Bestehens der Lebensgemeinschaft zum Zeitpunkt des Erbfalls

Ausgangssituation: Sie sind ledig und haben keine Kinder. Ihre Eltern sind bereits verstorben. Sie wollen Ihren nichtehelichen Lebenspartner als Alleinerben unter der Voraussetzung einsetzen, dass zum Zeitpunkt des Erbfalls die Lebensgemeinschaft noch besteht. Andernfalls sollen Ihre Geschwister erben, ersatzweise deren Abkömmlinge.

Sie können nach Ihrem Belieben über Ihren Nachlass verfügen. Ihre Geschwister gehören nicht zu den Pflichtteilsberechtigten. Diese können also gegen Ihren nichtehelichen Lebenspartner keine Pflichtteilsansprüche geltend machen.

Sie können Ihren Lebenspartner durch Testament als Erben einsetzen. Der Nachteil des Testaments liegt insbesondere darin, dass es jederzeit widerrufen oder geändert werden kann. Haben sich die Lebensgefährten in ihren Einzeltestamenten wechselseitig zu Alleinerben eingesetzt, müssen sie sich nicht gegenseitig informieren, wenn sie ihr Testament geändert oder widerrufen haben.

Um Ihr Ziel zu erreichen, dass die Erbeinsetzung nur mit der Maßgabe erfolgt, dass die nichteheliche Lebensgemeinschaft zum Zeitpunkt des Erbfalls noch besteht, müssen Sie die Erbeinsetzung mit einer Bedingung versehen. Ein gemeinschaftliches Testament mit wechselseitiger Bindung der Erblasser kommt nicht in Betracht. Diese Testamentsform ist nur Eheleuten vorbehalten.

Widerruf testamentarischer Verfügungen

Vgl. dazu Testamentsmuster 5.1.

Formulierungsbeispiel

Testament

Vorsorglich widerrufe ich alle Verfügungen von Todes wegen, die ich bisher errichtet habe.

Testament

Vorsorglich widerrufe ich alle Verfügungen von Todes wegen, die ich bisher errichtet habe.

Ich bestimme ______________________ [Vor- und Familiennamen des Lebensgefährten einsetzen] *zu meinem Alleinerben. Mit meinem Lebensgefährten lebe ich schon viele Jahre zusammen. Wir haben uns in privaten und beruflichen Angelegenheiten unterstützt. Die Erbeinsetzung ist Ausdruck der gegenseitigen Rücksichtnahme und Beistandspflicht.*

Diese Erbeinsetzung steht unter der Bedingung, dass unsere Partnerschaft zum Zeitpunkt meines Todes noch besteht.

Für den Fall des Nichteintritts der Bedingung setze ich meine Geschwister ______________________ *und* ______________________ [jeweils Vor- und Familiennamen der Geschwister einsetzen] *zu gleichen Teilen zu meinen unbeschränkten Erben ein. Als Ersatzerben bestimme ich deren Abkömmlinge.*

[Oder]

Diese Erbeinsetzung steht unter der Bedingung, dass mich mein Lebensgefährte in seinem Testament ebenfalls wirksam als Alleinerbe eingesetzt hat. Ist das nicht der Fall, setze ich meine Geschwister ______________________ *und* ______________________ [jeweils Vor- und Familiennamen der Geschwister einsetzen] *zu gleichen Teilen zu meinen unbeschränkten Erben ein. Als Ersatzerben bestimme ich deren Abkömmlinge.*

______________________, ____________

[Ort, Datum]

____

[Unterschrift]

Erbeinsetzung

Sinnvoll ist es, das Motiv der Erbeinsetzung anzugeben (z.B. jahrelange partnerschaftliche Verbundenheit), um so von vornherein den Einwand der Sittenwidrigkeit auszuschließen.

Formulierungsbeispiel

Ich bestimme _____ [Vor- und Familiennamen des Lebensgefährten einsetzen] zu meinem Alleinerben. Mit meinem Lebensgefährten lebe ich schon viele Jahre zusammen. Wir haben uns in privaten und beruflichen Angelegenheiten unterstützt. Die Erbeinsetzung ist Ausdruck der gegenseitigen Rücksichtnahme und Beistandspflicht.

Bedingung des Bestehens der Lebensgemeinschaft

Die testamentarische Erbeinsetzung des Lebensgefährten kann unter der aufschiebenden Bedingung erfolgen, dass die Lebensgemeinschaft beim Tod des zuerstversterbenden Lebenspartners noch besteht.

Formulierungsbeispiel

Diese Erbeinsetzung steht unter der Bedingung, dass unsere Partnerschaft zum Zeitpunkt meines Todes noch besteht.

Nichteintritt der Bedingung

Für den Fall, dass die Lebensgemeinschaft zum Zeitpunkt des Todes des erstversterbenden Lebenspartners nicht mehr besteht, sollten Sie Ihre Erben bestimmen, es sei denn, es soll gesetzliche Erbfolge gelten. Im vorliegenden Fall ist die ausdrückliche Erbeinsetzung der Geschwister auch entbehrlich, weil diese ohnehin gesetzliche Erben sind.

Zur Einsetzung von Ersatzerben vgl. Testamentsmuster 5.1.

Formulierungsbeispiel

Für den Fall des Nichteintritts der Bedingung setze ich meine Geschwister _____ und _____ [jeweils Vor- und Familiennamen der Geschwister einsetzen] zu gleichen Teilen zu meinen unbeschränkten Erben ein. Als Ersatzerben bestimme ich deren Abkömmlinge.

Bedingung der Wirksamkeit der Erbeinsetzung des Lebenspartners

Es ist auch möglich, dass beide Partner sich jeweils in einem Einzeltestament zum Erben einsetzen und die Wirksamkeit des vom anderen Partner errichteten Testaments zur Bedingung der eigenen Anordnung gemacht wird.

Wegen der Folgen des Nichteintritts der Bedingung vgl. oben.

Formulierungsbeispiel

Diese Erbeinsetzung steht unter der Bedingung, dass mich mein Lebensgefährte in seinem Testament ebenfalls wirksam als Alleinerbe eingesetzt hat. Ist das nicht der Fall, setze ich meine Geschwister _____ und _____ [jeweils Vor- und Familiennamen der Geschwister einsetzen] zu gleichen Teilen zu meinen unbeschränkten Erben ein. Als Ersatzerben bestimme ich deren Abkömmlinge.

Ort, Datum und Unterschrift

Vgl. dazu 2.2.

Formulierungsbeispiel

_____, _____

[Ort, Datum]

_____

[Unterschrift]

5.8 Einzeltestament mit Erbeinsetzung der Geschwister und Einsetzung von Ersatzerben sowie einem Nießbrauchsvermächtnis zugunsten des nichtehelichen Lebenspartners

Ausgangssituation: Sie sind verwitwet und haben keine Kinder. Ihre Eltern sind bereits verstorben. Sie leben in einer nichtehelichen Lebensgemeinschaft. Sie wollen Ihre beiden Geschwister zu gleichen Teilen als Erben einsetzen, ersatzweise deren Abkömmlinge. Ihrem nichtehelichen Lebenspartner wollen Sie ein umfassendes Nießbrauchsrecht an Ihrer Eigentumswohnung einräumen.

Sie können nach Ihrem Belieben über Ihren Nachlass verfügen. Ihre Geschwister gehören nicht zu den Pflichtteilsberechtigten. Diese können also gegen Ihren nichtehelichen Lebenspartner keine Pflichtteilsansprüche geltend machen.

Zugunsten Ihres nichtehelichen Lebenspartners müssen Sie in Ihrem Testament ein sogenanntes Nießbrauchsvermächtnis anordnen (vgl. dazu 3.5.2).

Bindung an frühere Verfügungen von Todes wegen

Vgl. dazu Testamentsmuster 5.3.

Formulierungsbeispiel

Testament

Ich unterliege keiner Bindung aus einer früheren Verfügung von Todes wegen.

Widerruf testamentarischer Verfügungen

Vgl. dazu Testamentsmuster 5.1.

Formulierungsbeispiel

Vorsorglich widerrufe ich alle Verfügungen von Todes wegen, die ich bisher errichtet habe.

Erbeinsetzung

Auch ohne ausdrückliche Erbeinsetzung sind Ihre Geschwister zu gleichen Teilen gesetzliche Erben, nachdem Ihre Eltern bereits verstorben sind.

Testament

Ich unterliege keiner Bindung aus einer früheren Verfügung von Todes wegen.

Vorsorglich widerrufe ich alle Verfügungen von Todes wegen, die ich bisher errichtet habe.

Ich setze meine Geschwister ______________________________ und ______________________________ [jeweils Vor- und Familiennamen der Geschwister einsetzen] zu meinen unbeschränkten Erben ein. Als Ersatzerben bestimme ich deren Abkömmlinge.

Im Wege eines Vermächtnisses erhält ______________________________ [Vor- und Familiennamen des Vermächtnisnehmers einsetzen] den lebenslangen unentgeltlichen Nießbrauch an dem Hausgrundstück Nr. _____ in ______________________, ______________________ [Ort, Straße], eingetragen im Grundbuch von ______________ Band _____, Blatt Nr. _____, Flurstücksnummer _____.

Die Ausübung des Nießbrauchs ist nicht übertragbar und vererbbar und kann anderen nicht überlassen werden.

Der Nießbraucher hat alle mit dem Nießbrauchsgegenstand verbundenen privaten und öffentlichen Aufwendungen und Lasten, auch die außerordentlichen Lasten zu tragen, soweit dies gesetzlich zulässig ist.

Ebenso hat er die außergewöhnlichen und zur Substanzerhaltung erforderlichen Ausbesserungen und Erneuerungen zu tragen wie diese der Eigentümer kraft Gesetzes zu tragen hätte.

Im Übrigen gelten die gesetzlichen Bestimmungen zum Nießbrauch.

[Und]

Um sicherzustellen, dass das testamentarisch angeordnete Vermächtnis erfüllt wird, ordne ich Testamentsvollstreckung an. Weitere Aufgaben hat der Testamentsvollstrecker nicht.

______________________________, ______________

[Ort, Datum]

____

[Unterschrift]

Zur Einsetzung von Ersatzerben vgl. Testamentsmuster 5.1.

Formulierungsbeispiel

Ich setze meine Geschwister _____ und _____ [jeweils Vor- und Familiennamen der Geschwister einsetzen] zu meinen unbeschränkten Erben ein. Als Ersatzerben bestimme ich deren Abkömmlinge.

Nießbrauchsvermächtnis

Durch das Vermächtnis ist der Nießbraucher berechtigt, die Eigentumswohnung entweder selbst zu nutzen oder sie zu vermieten und die Miete für sich zu vereinnahmen und zu verbrauchen.

Formulierungsbeispiel

Im Wege eines Vermächtnisses erhält _____ [Vor- und Familiennamen des Vermächtnisnehmers einsetzen] den lebenslangen unentgeltlichen Nießbrauch an dem Hausgrundstück Nr. _____ in _____, _____straße, eingetragen im Grundbuch von _____, Band _____, Blatt Nr. _____, Flurstücksnummer _____.

Die Ausübung des Nießbrauchs ist nicht übertragbar und vererbbar und kann anderen nicht überlassen werden.

Der Nießbraucher hat alle mit dem Nießbrauchsgegenstand verbundenen privaten und öffentlichen Aufwendungen und Lasten, auch die außerordentlichen Lasten zu tragen, soweit dies gesetzlich zulässig ist.

Ebenso hat er die außergewöhnlichen und zur Substanzerhaltung erforderlichen Ausbesserungen und

Erneuerungen zu tragen wie diese der Eigentümer kraft Gesetzes zu tragen hätte.

Im Übrigen gelten die gesetzlichen Bestimmungen zum Nießbrauch.

Sicherstellung des Vermächtnisses

Wenn Sie sicherstellen wollen, dass dem Vermächtnisnehmer tatsächlich die Leistung des Vermächtnisgegenstands zukommt, sollten Sie durch eine entsprechende testamentarische Verfügung die Erfüllung des Vermächtnisses sicherstellen. In Betracht kommt insbesondere die Einsetzung eines Testamentsvollstreckers.

Formulierungsbeispiel

Um sicherzustellen, dass das testamentarisch angeordnete Vermächtnis erfüllt wird, ordne ich Testamentsvollstreckung an. Weitere Aufgaben hat der Testamentsvollstrecker nicht.

Ort, Datum und Unterschrift

Vgl. dazu 2.2.

Formulierungsbeispiel

___, ___

[Ort, Datum]

___

[Unterschrift]

5.9 Einzeltestament mit Einsetzung des nichtehelichen Lebenspartners als Vorerbe und der Geschwister als Nacherben, ersatzweise deren Abkömmlinge

Ausgangssituation: Sie sind verwitwet und haben keine Kinder. Ihre Eltern sind bereits verstorben, Sie haben zwei Geschwister. Sie wollen Ihre nichteheliche Lebenspartnerin als Erbin einsetzen, allerdings soll sie nur bis zu ihrem Tod Erbe sein und ihr die Erträge aus dem Nachlass zustehen. Danach soll der Nachlass endgültig auf Ihre Geschwister und danach auf Ihre Nichten und Neffen übergehen.

Testament

Ich unterliege keiner Bindung aus einer früheren Verfügung von Todes wegen.

Vorsorglich widerrufe ich alle Verfügungen von Todes wegen, die ich bisher errichtet habe.

Ich setze zu meinem Vorerben meine Lebenspartnerin ___
[Vor- und Familiennamen des Vorerben einsetzen] *ein. Nacherben nach ihrem Tod sollen meine Geschwister zu gleichen Teilen sein, ersatzweise deren Abkömmlinge.*

Der Vorerbe ist von allen gesetzlichen Beschränkungen und Verpflichtungen, soweit gemäß § 2136 BGB zulässig, befreit.

___, ___

[Ort, Datum]

___

[Unterschrift]

Sie können nach Ihrem Belieben über Ihren Nachlass verfügen. Ihre Geschwister gehören nicht zu den Pflichtteilsberechtigten. Diese können also gegen Ihren nichtehelichen Lebenspartner keine Pflichtteilsansprüche geltend machen.

Ihr Ziel können Sie erreichen, wenn Sie in Ihrem Testament eine sogenannte Vor- und Nacherbfolge anordnen (vgl. dazu 3.3). So ist einerseits sichergestellt, dass das Vermögen letztendlich in Ihrer Familie bleibt und nicht an fremde Dritte übergeht, andererseits können Sie die Verwaltung und Nutzung Ihres Vermögens vorübergehend in andere Hände legen und so Ihre nichteheliche Lebenspartnerin wirtschaftlich versorgen.

Bindung an frühere Verfügungen von Todes wegen

Vgl. dazu Testamentsmuster 5.3.

Formulierungsbeispiel

Testament

Ich unterliege keiner Bindung aus einer früheren Verfügung von Todes wegen.

Widerruf testamentarischer Verfügungen

Vgl. dazu Testamentsmuster 5.1.

Formulierungsbeispiel

Vorsorglich widerrufe ich alle Verfügungen von Todes wegen, die ich bisher errichtet habe.

Vor- und Nacherbfolge

Die Vor- und Nacherbfolge müssen Sie testamentarisch bestimmen.

Sie müssen den Vorerben bestimmen. Er ist Erbe bis zum Eintritt des Nacherbfalls.

Sie müssen festlegen, wer nach dem Vorerben die Erbschaft erhalten soll. Sie dürfen es nicht dem Vorerben überlassen, den Nacherben zu bestimmen. Der Nacherbe wird mit dem Eintritt des Nacherbfalls endgültiger Erbe des Nachlasses. Er kann frei über den Nachlass verfügen.

Zur Einsetzung von Ersatzerben vgl. Testamentsmuster 5.1.

Sie müssen bestimmen, wann der Nacherbfall eintreten soll, also den Fall, wann der Vorerbe die Erbschaft an den Nacherben abgeben muss. Treffen Sie keine Anordnung über den Nacherbfall, tritt dieser mit dem Tod des Vorerben ein.

Formulierungsbeispiel

Ich setze zu meinem Vorerben meine Lebenspartnerin _____ [Vor- und Familiennamen des Vorerben einsetzen] ein. Nacherben nach ihrem Tod sollen meine Geschwister zu gleichen Teilen sein, ersatzweise deren Abkömmlinge.

Befreiung von allen gesetzlichen Beschränkungen und Verpflichtungen

Ein von Ihnen eingesetzter Vorerbe kann zwar als Eigentümer aller Nachlassgegenstände und Gläubiger aller Forderungen über den Nachlass verfügen, damit aber den Nacherben der Wert und die Substanz des Nachlasses erhalten bleiben, ist der Vorerbe in seiner Verfügungsmacht beschränkt. Das bedeutet konkret, dass er keine Schenkungen aus dem Nachlass vornehmen und Immobilien im Nachlass nicht verkaufen darf. Er muss auf Verlangen des Nacherben bestimmte Wertpapiere hinterlegen. Geld muss der Vorerbe mündelsicher anlegen (vgl. dazu 3.3.3).

Sie können den Vorerben von allen gesetzlich zulässigen Beschränkungen und Verfügungen befreien. In diesem Fall ist der Vorerbe insbesondere von der Verfügungsbeschränkung über Grundstücke, der Hinterlegung von Wertpapieren und der mündelsicheren Anlage von Geld befreit. Nicht befreit ist der Vorerbe dagegen vom gesetzlichen Verbot, Schenkungen aus dem Nachlass vorzunehmen.

Formulierungsbeispiel

Der Vorerbe ist von allen gesetzlichen Beschränkungen und Verpflichtungen, soweit gemäß § 2136 BGB zulässig, befreit.

Ort, Datum und Unterschrift

Vgl. dazu 2.2.

Formulierungsbeispiel

_____, _____ [Ort, Datum]

_____ [Unterschrift]

5.10 Einzeltestament mit Anordnung der Vor- und Nacherbfolge bei minderjährigem Kind mit Einsetzung von Ersatzerben und Entziehung des Vermögensverwaltungsrechts des geschiedenen Ehegatten

Ausgangssituation: Sie sind geschieden und haben ein minderjähriges Kind. Sie wollen in jedem Fall verhindern, dass Ihr geschiedener Ehegatte in irgendeiner Form am Nachlass teilhaben kann oder diesen verwalten darf.

Ihr Ex-Ehegatte kann Vermögen bzw. Teile davon nach Ihrem Tod erwerben, wenn ein gemeinsames Kind stirbt, ohne selbst Abkömmlinge zu hinterlassen, nachdem es Erbe des zuerstversterbenden Elternteils geworden ist. Der überlebende Elternteil wird dann nicht Erbe, wenn das Kind eine anderweitige Verfügung von Todes wegen trifft. Allerdings wird der überlebende Elternteil dann über sein Pflichtteilsrecht nach dem Kind am Vermögen des geschiedenen Ehegatten mittelbar beteiligt, wenn das Kind selbst noch keine Abkömmlinge hinterlassen hat.

Diese indirekte Teilhabe Ihres geschiedenen Ehegatten bzw. dessen Verwandten an Ihrem Nachlass können Sie durch die Anordnung der Vor- und Nacherbfolge verhindern (vgl. dazu 3.3).

Für den Fall, dass Ihr Kind zum Zeitpunkt Ihres Todes noch minderjährig ist, können Sie bestimmen, dass Ihr geschiedener Ehegatte das dem Kind zugewendete Vermögen nicht verwalten darf (vgl. dazu 3.10.3).

Bindung an frühere Verfügungen von Todes wegen

Mit der Scheidung wird ein gemeinschaftliches Testament von Ehegatten unwirksam. Die Eheleute sind in diesem Fall also auch nicht mehr an wechselseitige Verfügungen (z.B. die gegenseitige Erbeinsetzung) gebunden.

Formulierungsbeispiel

Testament

Ich unterliege keiner Bindung aus einer früheren Verfügung von Todes wegen.

Widerruf testamentarischer Verfügungen

Unabhängig davon, dass davon auszugehen ist, dass eine testamentarische Verfügung, durch die der Erblasser seinen Ehegatten bedacht hat, grundsätzlich unwirksam ist, wenn die Ehe geschieden wurde, sollten vorsorglich etwaige testamentarische Verfügungen widerrufen werden.

Formulierungsbeispiel

Vorsorglich widerrufe ich alle Verfügungen von Todes wegen, die ich bisher errichtet habe.

Anordnung der Vor- und Nacherbfolge

Dadurch wird vermieden, dass im Falle des Todes des Kindes nach dem Tod des Erblassers aufgrund der gesetzlichen Erbfolge der geschiedene Ehegatte Erbe nach dem Kind wird und damit mittelbar Vermögen des Erblassers erwirbt.

Formulierungsbeispiel

Ich setze mein Kind _____ [Vor- und Familiennamen des Kindes einsetzen] zum alleinigen Erben ein. Ersatzerben sind dessen Abkömmlinge.

Das Kind ist jedoch nur Vorerbe. Es ist von den gesetzlichen Beschränkungen, soweit zulässig, befreit. Nacherben auf seinen Tod sind seine testamentarisch bestimmten Erben, ersatzweise seine gesetzlichen Erben. Als Nacherben ausgenommen sind mein geschiedener Ehegatte und dessen sämtliche Verwandte. Der Nacherbfall tritt mit dem Tod des Vorerben ein.

Wegfall der Vor- und Nacherbfolge

Mit dem Tod des geschiedenen Ehegatten kann die Nacherbfolge enden, ebenso wenn das als Vorerbe eingesetzte Kind eigene Nachkommen und damit gesetzliche Erben hat.

Sinnvoll kann es sein, die Vor- und Nacherbschaft zeitlich zu beschränken. Mit der Befristung der Vorerbschaft können Sie erreichen, dass das Kind zu einem späteren Zeitpunkt doch Vollerbe werden und über das ererbte Vermögen frei verfügen kann.

Testament

Ich unterliege keiner Bindung aus einer früheren Verfügung von Todes wegen.

Vorsorglich widerrufe ich alle Verfügungen von Todes wegen, die ich bisher errichtet habe.

Ich setze mein Kind ______________________ [Vor- und Familiennamen des Kindes einsetzen] *zum alleinigen Erben ein. Ersatzerben sind dessen Abkömmlinge.*

Das Kind ist jedoch nur Vorerbe. Es ist von den gesetzlichen Beschränkungen, soweit zulässig, befreit. Nacherben auf seinen Tod sind seine testamentarisch bestimmten Erben, ersatzweise seine gesetzlichen Erben. Als Nacherben ausgenommen sind mein geschiedener Ehegatte und dessen sämtliche Verwandte. Der Nacherbfall tritt mit dem Tod des Vorerben ein.

Die Anordnung der Nacherbfolge entfällt im Zeitpunkt des Todes meines geschiedenen Ehegatten.

[Oder]

Die Anordnung der Nacherbfolge entfällt mit der Vollendung des 25. Lebensjahrs des Kindes.

[Oder]

Die Anordnung der Nacherbfolge entfällt, sobald das Kind eigene Abkömmlinge hat.

[Und]

Ich ordne Dauertestamentsvollstreckung an, wenn das Kind bei meinem Tod noch nicht das ____ *Lebensjahr vollendet hat.*

Der Testamentsvollstrecker hat den Nachlass zu verwalten. Er ist auch Nacherbenvollstrecker für alle Nacherben; diese Vollstreckung endet erst mit der Beendigung aller Vorerbschaften. Der Testamentsvollstrecker ist in der Eingehung von Verbindlichkeiten nicht beschränkt.

Zum Testamentsvollstrecker bestimme ich ______________________ [Vor- und Familiennamen einsetzen]. *Sollte dieser das Amt aus irgendeinem Grund nicht antreten können, bestimme ich zum Ersatztestamentsvollstrecker* ______________________ [Vor- und Familiennamen des Ersatztestamentsvollstreckers einsetzen]. *Dies gilt auch, wenn der berufene Testamentsvollstrecker nach Annahme des Amts dieses niederlegt oder nicht mehr ausüben kann.*

Der Testamentsvollstrecker erhält für seine Tätigkeit ____________ [Höhe der Vergütung einsetzen].

[Und]

Für den Fall, dass mein Kind zum Zeitpunkt meines Todes noch minderjährig ist, entziehe ich meinem geschiedenen Ehegatten das Vermögensverwaltungsrecht bezüglich aller Gegenstände, die mein Kind von mir von Todes wegen erwirbt.

Als Pfleger zur Ausübung des Verwaltungsrechts bestimme ich
______________________ [Name und Vorname des vorgeschlagenen Pflegers einsetzen], *ersatzweise*
______________________ [Name und Vorname des vorgeschlagenen Ersatzpflegers einsetzen].
Der Pfleger wird von allen gesetzlich zulässigen Beschränkungen befreit.

______________________, ____________
[Ort, Datum]

____
[Unterschrift]

Formulierungsbeispiele

Die Anordnung der Nacherbfolge entfällt im Zeitpunkt des Todes meines geschiedenen Ehegatten.

[Oder]

Die Anordnung der Nacherbfolge entfällt mit der Vollendung des 25. Lebensjahrs des Kindes.

[Oder]

Die Anordnung der Nacherbfolge entfällt, soweit das Kind eigene Abkömmlinge hat.

Testamentsvollstreckung

Vgl. dazu 3.9.

Beim Geschiedenentestament hat die Anordnung der Testamentsvollstreckung besondere Bedeutung. Grundsätzlich obliegt dem geschiedenen Elternteil im Falle des Todes des anderen Elternteils die Vermögenssorge für das Kind allein. Durch die Anordnung der Dauertestamentsvollstreckung können Sie die Verwaltungs- und Verfügungsbefugnis über den Nachlass jedoch dem im Testament benannten Testamentsvollstrecker übertragen.

Formulierungsbeispiel

Ich ordne Dauertestamentsvollstreckung an, wenn das Kind bei meinem Tod noch nicht das _____ Lebensjahr vollendet hat.

Der Testamentsvollstrecker hat den Nachlass zu verwalten. Er ist auch Nacherbenvollstrecker für alle Nacherben; diese Vollstreckung endet erst mit der Beendigung aller Vorerbschaften. Der Testamentsvollstrecker ist in der Eingehung von Verbindlichkeiten nicht beschränkt.

Zum Testamentsvollstrecker bestimme ich _____ [Vor- und Familiennamen einsetzen]. Sollte dieser das Amt aus irgendeinem Grund nicht antreten können, bestimme ich zum Ersatztestamentsvollstrecker _____ [Vor- und Familiennamen des Ersatztestamentsvollstreckers einsetzen]. Dies gilt auch, wenn der berufene Testamentsvollstrecker nach Annahme des Amts dieses niederlegt oder nicht mehr ausüben kann.

Der Testamentsvollstrecker erhält für seine Tätigkeit _____ [Höhe der Vergütung einsetzen].

Entziehung der Vermögenssorge und Benennung eines Pflegers

Vgl. dazu 3.10.3.

Wollen Sie verhindern, dass Ihr früherer Ehepartner Zugriff auf das vom gemeinsamen Kind geerbte Vermögen erhalten soll, müssen Sie ihm die Vermögenssorge für das vom Kind geerbte Vermögen entziehen.

Wenn Sie Ihrem geschiedenen Ehegatten für den Fall Ihres Todes die Vermögenssorge entziehen, muss vom Vormundschaftsgericht für das vom minderjährigen Kind geerbte Vermögen ein Ergänzungspfleger eingesetzt werden. Die Person des Pflegers können Sie in Ihrem Testament bestimmen.

Formulierungsbeispiel

Für den Fall, dass mein Kind zum Zeitpunkt meines Todes noch minderjährig ist, entziehe ich meinem geschiedenen Ehegatten das Vermögensverwaltungsrecht bezüglich aller Gegenstände, die mein Kind von mir von Todes wegen erwirbt.

Als Pfleger zur Ausübung des Verwaltungsrechts bestimme ich _____ [Name und Vorname des vorgeschlagenen Pflegers einsetzen], ersatzweise _____ [Name und Vorname des vorgeschlagenen Ersatzpflegers einsetzen]. Der Pfleger wird von allen gesetzlich zulässigen Beschränkungen befreit.

Ort, Datum und Unterschrift

Vgl. dazu 2.2.

Formulierungsbeispiel

_____, _____

[Ort, Datum]

_____

[Unterschrift]

5.11 Einzeltestament mit Enterbung des getrennt lebenden Ehegatten

Ausgangssituation: Sie sind verheiratet und haben zwei Kinder. Von Ihrem Ehegatten leben Sie getrennt. Es läuft noch kein Scheidungsverfahren. Sie wollen verhindern, dass im Falle Ihres Todes während der Trennungsphase Ihr Ehepartner Erbe wird.

Testament

Meinen Ehegatten enterbe ich.

[Oder]

Mein am ______________ [Datum einsetzen] *errichtetes Testament widerrufe ich hiermit.*

Meinen Ehegatten enterbe ich.

______________________________, ______________

[Ort, Datum]

____

[Unterschrift]

Ob die Eheleute getrennt leben, ist erbrechtlich ohne Bedeutung. Insbesondere sind die Ehegatten nach wie vor gesetzliche Erben.

Das gesetzliche Erbrecht der Ehegatten endet erst mit der Scheidung. Trotz bestehender Ehe ist das gesetzliche Erbrecht des überlebenden Ehegatten erst ausgeschlossen, wenn die Voraussetzungen für die Scheidung der Ehe gegeben waren und der Erblasser die Scheidung beantragt oder ihr zugestimmt hatte.

Mit der Scheidung verliert ein von den Eheleuten gemeinschaftlich errichtetes Testament grundsätzlich seine Wirkung. Das Gleiche gilt, wenn die Voraussetzungen für die Scheidung der Ehe gegeben waren und der Erblasser die Scheidung beantragt oder ihr zugestimmt hatte.

Enterbung des Ehegatten

Haben Sie kein Testament errichtet, in dem Sie Ihren Ehegatten als Erben eingesetzt haben, ist der Ehegatte kraft Gesetzes Erbe. In diesem Fall müssen Sie ihn durch ein Testament ausdrücklich enterben und damit die gesetzliche Erbfolge ausschließen.

Formulierungsbeispiel

Testament

Meinen Ehegatten enterbe ich.

Widerruf des Testaments und Enterbung des Ehegatten

Haben Sie Ihren Ehegatten testamentarisch als Erben eingesetzt, müssen Sie das Testament widerrufen und zusätzlich Ihren Ehegatten enterben.

Haben Sie mit Ihrem Ehegatten ein gemeinschaftliches Testament errichtet und haben Sie sich wechselseitig zu Alleinerben bestimmt, müssen Sie beachten, dass der Widerruf einer wechselbezüglichen Verfügung durch einen Ehegatten nur in notarieller Form möglich ist. Der Widerruf muss also vor einem Notar erklärt werden, und zwar auch dann, wenn die Eheleute das gemeinschaftliche Testament eigenhändig errichtet haben. Der Widerruf wird erst wirksam, wenn er dem anderen Ehegatten zugeht.

Formulierungsbeispiel

Mein am _____ [Datum einsetzen] errichtetes Testament widerrufe ich hiermit.

Ort, Datum und Unterschrift

Vgl. dazu 2.2.

Formulierungsbeispiel

_____, _____ [Ort, Datum]

_____ [Unterschrift]

5.12 Gemeinschaftliches Testament der Eheleute ohne Einsetzung von Schlusserben, mit Einsetzung von Ersatzerben und mit Geldvermächtnis an Sportverein

Ausgangssituation: Sie sind verheiratet und haben keine Kinder. Sowohl Ihre Eltern als auch die Ihres Ehegatten sind bereits verstorben. Ihr Ehegatte und Sie wollen sich in einem gemeinschaftlichen Testament gegenseitig als Alleinerben einsetzen und Ersatzerben für den Längstlebenden bestimmen. Ferner wollen Sie eine Regelung für den Fall treffen, dass beide Ehepartner gleichzeitig versterben. Beim Tod des Längerlebenden soll der Sportverein in Form eines Vermächtnisses eine Geldspende in Höhe von 10.000,– € erhalten. Der Längerlebende kann frei entscheiden, wer das gemeinsame Vermögen erben soll.

Testament

Vorsorglich widerrufen wir alle etwaigen früheren Verfügungen von Todes wegen, die wir gemeinsam oder einzeln errichtet haben.

Wir, ____________________ [Vor- und Familiennamen des Ehegatten einsetzen] *und* ____________________ [Vor- und Familiennamen des anderen Ehegatten einsetzen], *setzen uns gegenseitig zu alleinigen und unbeschränkten Erben ein.*

Als Ersatzerben bestimmen wir ____________________ [Vor- und Familiennamen des Ersatzerben einsetzen].

Für den Fall, dass wir beide gleichzeitig oder innerhalb eines Monats aufgrund derselben Ursache (z. B. eines Unfalls) versterben, setzen wir ____________________ *als Erben ein.*

____________________ [Name des Sportvereins einsetzen] *erhält im Wege des Vermächtnisses einen Geldbetrag in Höhe von 10.000 Euro. Dieser Betrag verändert sich in demselben Verhältnis wie der vom Statistischen Bundesamt festgestellte Verbraucherpreisindex der Bundesrepublik Deutschland. Bezugsgrößen für die Indexierung sind der Monat, in dem dieses Testament errichtet wurde, und der Monat, für welchen beim Erbfall die aktuellsten Indexzahlen veröffentlicht sind.*

Diese Verfügungen sind, soweit gesetzlich zulässig, wechselbezüglich.

____________________, *den* __________

____

[Eigenhändige Unterschrift des Ehegatten]

Dies ist auch mein Wille.

____________________, *den* __________

____

[Eigenhändige Unterschrift des anderen Ehegatten]

Widerruf testamentarischer Verfügungen

Wenn Sie bereits ein Testament errichtet haben, müssen Sie entscheiden, ob dieses noch gelten soll oder nicht. Kraft Gesetzes wird ein früheres Testament unwirksam, wenn es durch ein späteres aufgehoben wird. Am besten ist es, wenn Sie ein vorhandenes Testament widerrufen und alles neu regeln, wenn frühere testamentarische Verfügungen nicht mehr gelten sollen.

Um Zweifel zu vermeiden, inwieweit frühere Verfügungen von Todes wegen fortgelten sollen, sollten Sie vorsorglich alle etwaigen Testamente widerrufen. Gemeinsam können Eheleute auch wechselseitige Verfügungen in einem gemeinschaftlichen Testament widerrufen.

Formulierungsbeispiel

Testament

Vorsorglich widerrufen wir alle etwaigen früheren Verfügungen von Todes wegen, die wir gemeinsam oder einzeln errichtet haben.

Gegenseitige Erbeinsetzung

Sie und Ihr Ehegatte setzen sich gegenseitig als Alleinerben ein, ohne – wie beim Berliner Testament – testamentarisch einen Erben für den Längstlebenden zu bestimmen. Damit kann der Längstlebende nach seinem Belieben seine Erben bestimmen. Trifft er keine entsprechende erbrechtliche Verfügung, tritt gesetzliche Erbfolge ein (vgl. auch dazu 4.2).

Formulierungsbeispiel

Wir, _____ [Vor- und Familiennamen des Ehegatten einsetzen] und _____ [Vor- und Familiennamen des anderen Ehegatten einsetzen], setzen uns gegenseitig zu alleinigen und unbeschränkten Erben ein.

Einsetzung von Ersatzerben

Vgl. dazu 4.2.

Formulierungsbeispiel

Als Ersatzerben bestimmen wir _____ [Vor- und Familiennamen des Ersatzerben einsetzen].

Regelung für den Fall des gleichzeitigen Versterbens

Vgl. dazu 4.2.

Formulierungsbeispiel

Für den Fall, dass wir beide gleichzeitig oder innerhalb eines Monats aufgrund derselben Ursache (z.B. eines Unfalls) versterben, setzen wir _________ als Erben ein.

Geldspende

Die Zuwendung an den Verein erfolgt in Form eines Vermächtnisses. Belastet wird mit dem Vermächtnis der längerlebende Ehegatte.

Sinnvoll ist es, den Geldbetrag mit einer Indexklausel, die auf einen vom Statistischen Bundesamt ermittelten Index der Lebenshaltungskosten oder Verbraucherpreise Bezug nimmt, vor dem Geldwertverfall zu sichern.

Formulierungsbeispiel

_____ [Name des Sportvereins einsetzen] erhält im Wege des Vermächtnisses einen Geldbetrag in Höhe von 10.000,– € . Dieser Betrag verändert sich in demselben Verhältnis wie der vom Statistischen Bundesamt festgestellte Verbraucherpreisindex der Bundesrepublik Deutschland. Bezugsgrößen für die Indexierung sind der Monat, in dem dieses Testament errichtet wurde, und der Monat, für welchen beim Erbfall die aktuellsten Indexzahlen veröffentlicht sind.

Wechselbezügliche Verfügungen

Das gemeinschaftliche Testament kann dieselben Verfügungen wie ein Einzeltestament enthalten. Das Besondere an diesem Testament ist jedoch, dass die Ehegatten auch Verfügungen treffen können, die in einer Abhängigkeit zueinander stehen. Wenn ein Ehegatte eine erbrechtliche Verfügung nur deshalb trifft, weil auch der andere Partner eine entsprechende Verfügung getroffen hat, spricht man von wechselbezüglichen Verfügungen. Die eine Verfügung wäre also nicht ohne die andere getroffen worden. Beide Verfügungen stehen in einem wechselseitigen Abhängigkeitsverhältnis.

Die Nichtigkeit oder der Widerruf einer wechselbezüglichen Verfügung hat die Unwirksamkeit aller Verfügungen des anderen Ehegatten zur Folge, die mit der nichtigen oder widerrufenen Verfügung verbunden sind.

Als wechselbezügliche Verfügungen kommen ausschließlich Erbeinsetzungen, Vermächtnisse und Auflagen in Betracht. Nicht wechselbezüglich ausgestaltet werden können also insbesondere die Enterbung, die Teilungsanordnung, das Teilungsverbot, die Anordnung der Testamentsvollstreckung und der Verzicht auf Erb- oder Pflichtteilsansprüche.

Häufig geht aus einem gemeinschaftlichen Testament nicht eindeutig hervor, ob bzw. welche Verfügungen wechselbezüglich sein sollen. Um Auslegungsschwierigkeiten zu vermeiden, sollten die Ehegatten im Testament eindeutig klarstellen, ob und welche Verfügungen wechselbezüglich sein sollen.

Formulierungsbeispiel

Diese Verfügungen sind, soweit gesetzlich zulässig, wechselbezüglich.

Ort, Datum und Unterschrift

Vgl. dazu 2.2 und 2.3.

Formulierungsbeispiel

_____, den _____

_____

[Eigenhändige Unterschrift des Ehegatten]

Dies ist auch mein Wille.

_____, den _____

_____

[Eigenhändige Unterschrift des anderen Ehegatten]

5.13 Berliner Testament der Eheleute mit Erbeinsetzung der Kinder und Einsetzung von Ersatzerben, Teilungsanordnung und Anordnung der Testamentsvollstreckung

Ausgangssituation: Sie sind verheiratet und haben drei Kinder. Ihr Ehegatte und Sie wollen sich in einem gemeinschaftlichen Testament gegenseitig als Alleinerben und Ihre Kinder zu gleichen Teilen als Erben des Längerlebenden einsetzen, ersatzweise deren Abkömmlinge. Ferner wollen Sie eine Regelung für den Fall treffen, dass beide Ehepartner gleichzeitig versterben. Sie wollen anordnen, wie nach dem Tod des Längerlebenden die Nachlassgegenstände unter den Kindern aufzuteilen sind. Sofern es durch die Verteilung des Nachlasses Wertverschiebungen gegenüber den den Kindern zustehenden Erbteilen kommt, sollen diese ausgeglichen werden. Durch einen Testamentsvollstrecker wollen Sie sicherstellen, dass Teilungsanordnungen durchgesetzt werden.

Im vorliegenden Fall handelt es sich um ein sogenanntes Berliner Testament, in dem sich die Eheleute gegenseitig als Erben einsetzen und das vom überlebenden Ehegatten nicht verbrauchte Vermögen erst nach dessen Tod an die Kinder übergeht.

Wenn mehrere Personen erben, entsteht mit dem Erbfall eine Erbengemeinschaft. Der Nachlass ist dann gemeinschaftliches Vermögen der Erben. Jedem Miterben steht der im Testament festgelegte Bruchteil des Nachlasses zu. Ein Miterbe allein kann nicht über einzelne Nachlassgegenstände verfügen. Wenn Sie Regelungen treffen wollen, wie Ihre Erben die einzelnen Vermögensgegenstände untereinander aufteilen sollen, müssen Sie eine Teilungsanordnung treffen (vgl. dazu 3.7). Auch die Anordnung der Testamentsvollstreckung bedarf einer ausdrücklichen testamentarischen Verfügung (vgl. dazu 3.9).

Widerruf testamentarischer Verfügungen

Vgl. dazu Testamentsmuster 5.12.

Formulierungsbeispiel

Testament

Vorsorglich widerrufen wir alle etwaigen früheren Verfügungen von Todes wegen, die wir gemeinsam oder einzeln errichtet haben.

Testament

Vorsorglich widerrufen wir alle etwaigen früheren Verfügungen von Todes wegen, die wir gemeinsam oder einzeln errichtet haben.

Wir, ______________________ [Vor- und Familiennamen des Ehegatten einsetzen] *und* ______________________ [Vor- und Familiennamen des anderen Ehegatten einsetzen], *setzen uns gegenseitig zu alleinigen und unbeschränkten Erben ein. Erben des Längstlebenden sind unsere gemeinsamen Kinder* ______________________ *und* ______________________ [Vor- und Familiennamen der Kinder einsetzen] *zu gleichen Teilen.*

Zu Ersatzerben bestimmen wir die Abkömmlinge unserer Kinder entsprechend den Regeln über die gesetzliche Erbfolge. Sind keine Abkömmlinge vorhanden, so soll der Erbteil des Weggefallenen den anderen Miterben im Verhältnis ihrer Erbteile anwachsen.

Für den Fall, dass wir beide gleichzeitig oder innerhalb eines Monats aufgrund derselben Ursache (z. B. eines Unfalls) versterben, setzen wir ______________________ *als Erben ein.*

Für die Auseinandersetzung des Nachlasses treffe ich folgende Anordnungen:

______________________ [Vor- und Familiennamen des Miterben einsetzen] *erhält das Hausgrundstück* ______________________ [genaue Bezeichnung der Immobilie].

______________________ [Vor- und Familiennamen des Miterben einsetzen] *erhält die Eigentumswohnung* ______________________ [genaue Bezeichnung der Immobilie] *und mein Guthaben auf dem Sparbuch* ______________________ *bei der* ______________________ [genaue Bezeichnung des Sparbuchs und der Bank].

______________________ [Vor- und Familiennamen des Miterben einsetzen] *erhält mein Wertpapierdepot* ______________________ *bei der* ______________________ [genaue Bezeichnung des Depots und der Bank].

Der jeweils anzurechnende Wert für die Immobilien ist auf Kosten des Nachlasses durch ein Verkehrswertgutachten des örtlichen Gutachterausschusses zu ermitteln.

Wir stellen hiermit ausdrücklich klar, dass es sich um eine reine Teilungsanordnung handelt und der jeweilige Miterbe den Nachlassgegenstand unter Anrechnung auf seinen Erbteil bzw. Ausgleichung aus seinem sonstigen Vermögen erhält.

Nach dem Tod des Längerlebenden ordnen wir Testamentsvollstreckung an. Der Testamentsvollstrecker hat die Aufgabe, den Nachlass entsprechend unseren Anordnungen zu verteilen. Zum Testamentsvollstrecker bestimmen wir ______________________ [Vor- und Familiennamen des Testamentsvollstreckers einsetzen]. *Der Testamentsvollstrecker erhält keine Vergütung.*

Diese Verfügungen sind, soweit gesetzlich zulässig, wechselbezüglich.

______________________, *den* ______________

____

[Eigenhändige Unterschrift des Ehegatten]

Dies ist auch mein Wille.

______________________, *den* ______________

____

[Eigenhändige Unterschrift des anderen Ehegatten]

Gegenseitige Erbeinsetzung der Eheleute

Im Berliner Testament setzen sich die Eheleute gegenseitig als Alleinerben ein. Der längerlebende Ehegatte kann also zu Lebzeiten frei über das Vermögen verfügen.

Wenn der längerlebende Ehegatte nach dem ersten Erbfall alleiniger Erbe ist, bedeutet das zwangsläufig, dass die Kinder von der gesetzlichen Erbfolge ausgeschlossen werden und Pflichtteilsansprüche gegen den überlebenden Elternteil geltend machen können (vgl. dazu 1.1). Dieser Gefahr kann einmal damit begegnet werden, dass mit den Kindern bereits zu Lebzeiten ein Pflichtteilsverzicht vereinbart wird. Kommt ein solcher nicht zustande, können in das Testament Verwirkungs- und Strafklauseln aufgenommen werden, die die Kinder veranlassen sollen, von der Geltendmachung des Pflichtteils abzusehen (vgl. dazu 4.3.3).

Formulierungsbeispiel

Wir, _____ [Vor- und Familiennamen des Ehegatten einsetzen] und _____ [Vor- und Familiennamen des anderen Ehegatten einsetzen], setzen uns gegenseitig zu alleinigen und unbeschränkten Erben ein.

Einsetzung der Kinder als Schlusserben

Beim Berliner Testament beschränken sich die Ehegatten nicht darauf, sich gegenseitig als Alleinerben einzusetzen, sie bestimmen darüber hinaus bereits einen Erben für den Längstlebenden. Somit wird nicht nur die Erbfolge unter den Eheleuten geregelt, sondern auch ein zweiter Erbgang, nämlich die Erbfolge des überlebenden Ehegatten. Nach dem Tod des erstverstorbenen Ehegatten wird der Längstlebende Erbe. Der Nachlass wird mit dem Vermögen des Längerlebenden verschmolzen. Der längerlebende Ehegatte kann durch Rechtsgeschäfte zu Lebzeiten frei über das Vermögen verfügen.

Wenn Sie Ihre drei Kinder zu gleichen Teilen als Schlusserben einsetzen, ändern Sie nichts an der gesetzlichen Erbfolge nach dem Längstlebenden. Unabhängig davon können Sie in Ihrem Testament nochmals ausdrücklich die gesetzliche Erbfolge bestätigen.

Formulierungsbeispiel

Erben des Längstlebenden sind unsere gemeinsamen Kinder _____ und _____ [Vor- und Familiennamen der Kinder einsetzen] zu gleichen Teilen.

Einsetzung von Ersatzerben

Sinnvoll ist es auch, ausdrücklich Ersatzerben für den Fall zu bestimmen, wenn ein Miterbe vor oder nach dem Erbfall wegfällt (vgl. dazu 4.2).

Formulierungsbeispiel

Zu Ersatzerben bestimmen wir die Abkömmlinge unserer Kinder entsprechend den Regeln über die gesetzliche Erbfolge. Sind keine Abkömmlinge vorhanden, so soll der Erbteil des Weggefallenen den anderen Miterben im Verhältnis ihrer Erbteile anwachsen.

Regelung für den Fall des gleichzeitigen Versterbens

Vgl. dazu 4.2.

Formulierungsbeispiel

Für den Fall, dass wir beide gleichzeitig oder innerhalb eines Monats aufgrund derselben Ursache (z.B. eines Unfalls) versterben, setzen wir _________ als Erben ein.

Teilungsanordnung

Wichtig ist, dass im Testament zum Ausdruck kommt, dass Sie keine Änderung der Erbteile der Miterben wünschen. Sie können sich im Testament darauf beschränken, den Miterben bestimmte Nachlassgegenstände zuzuweisen. Um jeglichen Zweifel zu vermeiden, ist es jedoch sinnvoll, im Testament ausdrücklich darauf hinzuweisen, dass die Zuteilung von Nachlassgegenständen jeweils unter Anrechnung auf den Erbteil des jeweiligen Miterben erfolgt.

Der Erbe muss sich den Wert des ihm zugewendeten Nachlassgegenstands voll auf seinen Erbteil anrechnen lassen. Ist der Wert des zugewiesenen Gegenstands höher als der Erbanteil, muss der Ausgleich mit den anderen Erben aus dem Privatvermögen des Erben erfolgen.

Formulierungsbeispiel

Für die Auseinandersetzung des Nachlasses treffe ich folgende Anordnungen:

_____ [Vor- und Familiennamen des Miterben einsetzen] erhält das Hausgrundstück _____ [genaue Bezeichnung der Immobilie].

_____ [Vor- und Familiennamen des Miterben einsetzen] erhält die Eigentumswohnung _____ [genaue Bezeichnung der Immobilie] und mein Guthaben auf dem Sparbuch _____ bei der _____ [genaue Bezeichnung des Sparbuchs und der Bank].

_____ [Vor- und Familiennamen des Miterben einsetzen] erhält mein Wertpapierdepot _____ bei der _____ [genaue Bezeichnung des Depots und der Bank].

Der jeweils anzurechnende Wert für die Immobilien ist auf Kosten des Nachlasses durch ein Verkehrswertgutachten des örtlichen Gutachterausschusses zu ermitteln.

Wir stellen hiermit ausdrücklich klar, dass es sich um eine reine Teilungsanordnung handelt und der jeweilige Miterbe den Nachlassgegenstand unter Anrechnung auf seinen Erbteil bzw. Ausgleichung aus seinem sonstigen Vermögen erhält.

Testamentsvollstreckung

Mit einer Teilungsanordnung können Sie zwar verfügen, dass der Nachlass entsprechend Ihren Anordnungen unter den Erben aufgeteilt wird, Ihre Anordnungen führen aber nicht von selbst zur Aufteilung. Die Erben sind also, wenn sie sich untereinander einig sind, nicht gehindert, eine andere Verteilung vorzunehmen. Wenn Sie sicherstellen wollen, dass Ihre Teilungsanordnung tatsächlich umgesetzt wird, müssen Sie entsprechende testamentarische Vorkehrungen treffen.

Formulierungsbeispiel

Nach dem Tod des Längerlebenden ordnen wir Testamentsvollstreckung an. Der Testamentsvollstrecker hat die Aufgabe, den Nachlass entsprechend unseren Anordnungen zu verteilen. Zum Testamentsvollstrecker bestimmen wir _____ [Vor- und Familiennamen des Testamentsvollstreckers einsetzen]. Der Testamentsvollstrecker erhält keine Vergütung.

Wechselbezügliche Verfügungen

Vgl. Testamentsmuster 5.12.

Formulierungsbeispiel

Diese Verfügungen sind, soweit gesetzlich zulässig, wechselbezüglich.

Ort, Datum und Unterschrift

Vgl. dazu 2.2.

Formulierungsbeispiel

_____, den _____

_____

[Eigenhändige Unterschrift des Ehegatten]

Dies ist auch mein Wille.

_____, den _____

_____

[Eigenhändige Unterschrift des anderen Ehegatten]

5.14 Berliner Testament der Eheleute mit Erbeinsetzung der Kinder und Einsetzung von Ersatzerben sowie Vorausvermächtnissen sowie Anordnung der Testamentsvollstreckung

Ausgangssituation: Sie sind verheiratet und haben zwei Kinder. Ihr Ehegatte und Sie wollen sich in einem gemeinschaftlichen Testament gegenseitig als Alleinerben und Ihre Kinder zu gleichen Teilen als Erben des Längerlebenden einsetzen, ersatzweise deren Abkömmlinge. Ferner wollen Sie eine Regelung für den Fall treffen, dass beide Ehepartner gleichzeitig versterben. Ein Kind soll zusätzlich zu seinem Erbteil die Briefmarkensammlung und das andere Kind den Familienschmuck erhalten, ohne dass diese Zuwendungen gegenüber dem jeweiligen anderen Miterben wertmäßig ausgeglichen werden müssen. Die Vermächtnisse sollen nach dem Tod des Längerlebenden fällig werden.

Testament

Vorsorglich widerrufen wir alle etwaigen früheren Verfügungen von Todes wegen, die wir gemeinsam oder einzeln errichtet haben.

Wir, ______________________ [Vor- und Familiennamen des Ehegatten einsetzen] *und* ______________________ [Vor- und Familiennamen des anderen Ehegatten einsetzen], *setzen uns gegenseitig zu alleinigen und unbeschränkten Erben ein. Erben des Längstlebenden sind unsere gemeinsamen Kinder* ______________________ *und* ______________________ [Vor- und Familiennamen der Kinder einsetzen] *zu gleichen Teilen.*

Zu Ersatzerben bestimmen wir die Abkömmlinge unserer Kinder entsprechend den Regeln über die gesetzliche Erbfolge. Sind keine Abkömmlinge vorhanden, so soll der Erbteil des Weggefallenen den anderen Miterben im Verhältnis ihrer Erbteile anwachsen.

Für den Fall, dass wir beide gleichzeitig oder innerhalb eines Monats aufgrund derselben Ursache (z. B. eines Unfalls) versterben, setzen wir ______________________ *als Erben ein.*

______________________ [Vor- und Familiennamen des Miterben einsetzen] *erhält als Vorausvermächtnis, also ohne Anrechnung auf den Erbteil, den Familienschmuck.*

______________________ [Vor- und Familiennamen des Miterben einsetzen] *erhält als Vorausvermächtnis, also ohne Anrechnung auf den Erbteil, die Briefmarkensammlung.*

Ersatzvermächtnisnehmer des jeweiligen Bedachten sind seine Abkömmlinge, mehrere zu gleichen Teilen. Die Vermächtnisse sind sofort nach dem Tod des Längstlebenden zu erfüllen.

Diese Verfügungen sind, soweit gesetzlich zulässig, wechselbezüglich.

______________________, *den* ______________

____

[Eigenhändige Unterschrift des Ehegatten]

Dies ist auch mein Wille.

______________________, *den* ______________

____

[Eigenhändige Unterschrift des anderen Ehegatten]

Im vorliegenden Fall handelt es sich um ein sogenanntes Berliner Testament, in dem sich die Eheleute gegenseitig als Erben einsetzen und das vom überlebenden Ehegatten nicht verbrauchte Vermögen erst nach dessen Tod an die Kinder übergeht.

Wenn mehrere Personen erben, entsteht mit dem Erbfall eine Erbengemeinschaft. Der Nachlass ist dann gemeinschaftliches Vermögen der Erben. Jedem Miterben steht der im Testament festgelegte Bruchteil des Nachlasses zu. Ein Miterbe allein kann nicht über einzelne Nachlassgegenstände verfügen. Mit einem sogenannten Vorausvermächtnis können Sie einem Miterben einen bestimmten Nachlassgegenstand zuwenden, ohne dass der Wert dieses Gegenstands auf seinen Erbteil angerechnet wird (vgl. dazu 3.7.2).

Widerruf testamentarischer Verfügungen

Vgl. dazu Testamentsmuster 5.12.

Formulierungsbeispiel

Testament

Vorsorglich widerrufen wir alle etwaigen früheren Verfügungen von Todes wegen, die wir gemeinsam oder einzeln errichtet haben.

Gegenseitige Erbeinsetzung der Eheleute

Vgl. dazu Testamentsmuster 5.13.

Formulierungsbeispiel

Wir, _____ [Vor- und Familiennamen des Ehegatten einsetzen] und _____ [Vor- und Familiennamen des anderen Ehegatten einsetzen], setzen uns gegenseitig zu alleinigen und unbeschränkten Erben ein.

Einsetzung der Kinder als Schlusserben

Vgl. dazu Testamentsmuster 5.13.

Formulierungsbeispiel

Erben des Längstlebenden sind unsere gemeinsamen Kinder _____ und _____ [Vor- und Familiennamen der Kinder einsetzen] zu gleichen Teilen.

Einsetzung von Ersatzerben

Vgl. dazu Testamentsmuster 5.13.

Formulierungsbeispiel

Zu Ersatzerben bestimmen wir die Abkömmlinge unserer Kinder entsprechend den Regeln über die gesetzliche Erbfolge. Sind keine Abkömmlinge vorhanden, so soll der Erbteil des Weggefallenen den anderen Miterben im Verhältnis ihrer Erbteile anwachsen.

Regelung für den Fall des gleichzeitigen Versterbens

Vgl. dazu 4.2.

Formulierungsbeispiel

Für den Fall, dass wir beide gleichzeitig oder innerhalb eines Monats aufgrund derselben Ursache (z.B. eines Unfalls) versterben, setzen wir _________ als Erben ein.

Vorausvermächtnis

Die Formulierung »ohne Anrechnung auf den Erbteil« soll klarstellen, dass ein Vorausvermächtnis und nicht eine Teilungsanordnung gewollt ist.

Sinnvoll ist es, einen Ersatzvermächtnisnehmer für den Fall zu bestimmen, dass der im Testament Bedachte wegfällt.

Der Vermächtnisnehmer hat bereits vor Teilung des Nachlasses einen Anspruch gegenüber den übrigen Miterben auf Übertragung des vermachten Gegenstands.

Formulierungsbeispiel

_____ [Vor- und Familiennamen des Miterben einsetzen] erhält als Vorausvermächtnis, also ohne Anrechnung auf den Erbteil, den Familienschmuck.

_____ [Vor- und Familiennamen des Miterben einsetzen] erhält als Vorausvermächtnis, also ohne Anrechnung auf den Erbteil, die Briefmarkensammlung.

Ersatzvermächtnisnehmer des jeweiligen Bedachten sind seine Abkömmlinge, mehrere zu gleichen Teilen. Die Vermächtnisse sind sofort nach dem Tod des Längstlebenden zu erfüllen.

Wechselbezügliche Verfügungen

Vgl. Testamentsmuster 5.12.

Formulierungsbeispiel

Diese Verfügungen sind, soweit gesetzlich zulässig, wechselbezüglich.

Ort, Datum und Unterschrift

Vgl. dazu 2.2.

Formulierungsbeispiel

_____, den _____

_____

[Eigenhändige Unterschrift des Ehegatten]

Dies ist auch mein Wille.

_____, den _____

_____

[Eigenhändige Unterschrift des anderen Ehegatten]

5.15 Berliner Testament der Eheleute mit Erbeinsetzung der Kinder und Einsetzung von Ersatzerben und Möglichkeit der Enterbung eines Kindes durch den Längstlebenden bei Geltendmachung des Pflichtteils

Ausgangssituation: Sie sind verheiratet und haben zwei Kinder. Ihr Ehegatte und Sie wollen sich in einem gemeinschaftlichen Testament gegenseitig als Alleinerben und Ihre Kinder zu gleichen Teilen als Erben des Längerlebenden einsetzen, ersatzweise deren Abkömmlinge. Ferner wollen Sie eine Regelung für den Fall treffen, dass beide Ehepartner gleichzeitig versterben. Wenn ein Kind beim Tod des erstversterbenden Elternteils seinen Pflichtteil verlangt, soll der überlebende Ehegatte berechtigt sein, das Kind und seine Nachkommen von der Erbfolge auszuschließen.

Im vorliegenden Fall handelt es sich um ein sogenanntes Berliner Testament, in dem sich die Eheleute gegenseitig als Erben einsetzen und das vom überlebenden Ehegatten nicht verbrauchte Vermögen erst nach dessen Tod an die Kinder übergeht.

Wenn der längerlebende Ehegatte nach dem ersten Erbfall alleiniger Erbe ist, bedeutet das, dass die Kinder von der gesetzlichen Erbfolge ausgeschlossen werden und Pflichtteilsansprüche gegen den überlebenden Elternteil geltend machen können (vgl. dazu 1.1). Dieser Gefahr kann

Testament

Vorsorglich widerrufen wir alle etwaigen früheren Verfügungen von Todes wegen, die wir gemeinsam oder einzeln errichtet haben.

Wir, ______________________ [Vor- und Familiennamen des Ehegatten einsetzen] *und* ______________________ [Vor- und Familiennamen des anderen Ehegatten einsetzen], *setzen uns gegenseitig zu alleinigen und unbeschränkten Erben ein. Erben des Längstlebenden sind unsere gemeinsamen Kinder* ______________________ *und* ______________________ [Vor- und Familiennamen der Kinder einsetzen] *zu gleichen Teilen.*

Zu Ersatzerben bestimmen wir die Abkömmlinge unserer Kinder entsprechend den Regeln über die gesetzliche Erbfolge. Sind keine Abkömmlinge vorhanden, so soll der Erbteil des Weggefallenen den anderen Miterben im Verhältnis ihrer Erbteile anwachsen.

Für den Fall, dass wir beide gleichzeitig oder innerhalb eines Monats aufgrund derselben Ursache (z. B. eines Unfalls) versterben, setzen wir ______________________ *als Erben ein.*

Falls eines unserer Kinder nach dem Tod des Erstversterbenden gegen den Willen des Längerlebenden den Pflichtteil verlangt, ist der Längerlebende berechtigt, das Kind und seine Abkömmlinge durch Testament von der Erbfolge auszuschließen.

Diese Verfügungen sind, soweit gesetzlich zulässig, wechselbezüglich.

______________________, *den* ____________

____

[Eigenhändige Unterschrift des Ehegatten]

Dies ist auch mein Wille.

______________________, *den* ____________

____

[Eigenhändige Unterschrift des anderen Ehegatten]

einmal damit begegnet werden, dass mit den Kindern bereits zu Lebzeiten ein Pflichtteilsverzicht vereinbart wird. Kommt ein solcher nicht zustande, kann in das Testament eine Verwirkungs- und Strafklausel aufgenommen werden, die die Kinder veranlassen soll, von der Geltendmachung des Pflichtteils abzusehen.

Widerruf testamentarischer Verfügungen

Vgl. dazu Testamentsmuster 5.12.

Formulierungsbeispiel

Testament

Vorsorglich widerrufen wir alle etwaigen früheren Verfügungen von Todes wegen, die wir gemeinsam oder einzeln errichtet haben.

Gegenseitige Erbeinsetzung der Eheleute

Vgl. dazu Testamentsmuster 5.13.

Formulierungsbeispiel

Wir, _____ [Vor- und Familiennamen des Ehegatten einsetzen] und _____ [Vor- und Familiennamen des anderen Ehegatten einsetzen], setzen uns gegenseitig zu alleinigen und unbeschränkten Erben ein.

Einsetzung der Kinder als Schlusserben

Vgl. dazu Testamentsmuster 5.13.

Formulierungsbeispiel

Erben des Längstlebenden sind unsere gemeinsamen Kinder _____ und _____ [Vor- und Familiennamen der Kinder einsetzen] zu gleichen Teilen.

Einsetzung von Ersatzerben

Vgl. dazu Testamentsmuster 5.13.

Formulierungsbeispiel

Zu Ersatzerben bestimmen wir die Abkömmlinge unserer Kinder entsprechend den Regeln über die gesetzliche Erbfolge. Sind keine Abkömmlinge vorhanden, so soll der Erbteil des Weggefallenen den anderen Miterben im Verhältnis ihrer Erbteile anwachsen.

Regelung für den Fall des gleichzeitigen Versterbens

Vgl. dazu 4.2.

Formulierungsbeispiel

Für den Fall, dass wir beide gleichzeitig oder innerhalb eines Monats aufgrund derselben Ursache (z.B. eines Unfalls) versterben, setzen wir _________ als Erben ein.

Pflichtteilsstrafklausel

Durch entsprechende testamentarische Verfügung kann dem längerlebenden Ehegatten das Recht eingeräumt werden, von der Schlusserbeneinsetzung im gemeinschaftlichen Testament abzuweichen und das als Schlusserbe eingesetzte Kind zu enterben, wenn dieses seinen Pflichtteil gegenüber dem längerlebenden Elternteil verlangt. In diesem Fall steht dem enterbten Kind auch beim Tod des längerlebenden Ehegatten nur der Pflichtteil zu.

Die Enterbung des Kindes, das beim ersten Erbfall den Pflichtteil verlangt, erfolgt nicht automatisch. Die Enterbung erfolgt vielmehr durch eine entsprechende testamentarische Verfügung des längerlebenden Ehegatten.

Formulierungsbeispiel

Falls eines unserer Kinder nach dem Tod des Erstversterbenden gegen den Willen des Längerlebenden den Pflichtteil verlangt, ist der Längerlebende berechtigt, das Kind und seine Abkömmlinge durch Testament von der Erbfolge auszuschließen.

Wechselbezügliche Verfügungen

Vgl. Testamentsmuster 5.12.

Formulierungsbeispiel

Diese Verfügungen sind, soweit gesetzlich zulässig, wechselbezüglich.

Ort, Datum und Unterschrift

Vgl. dazu 2.2.

Formulierungsbeispiel

_____, den _____

_____ [Eigenhändige Unterschrift des Ehegaten]

Dies ist auch mein Wille.

_____, den _____

_____[Eigenhändige Unterschrift des anderen Ehegatten]

5.16 Berliner Testament der Eheleute mit Erbeinsetzung der Kinder und Einsetzung von Ersatzerben sowie automatischer Enterbung eines Kindes bei Geltendmachung des Pflichtteils

Ausgangssituation: Sie sind verheiratet und haben drei Kinder. Ihr Ehegatte und Sie wollen sich in einem gemeinschaftlichen Testament gegenseitig als Alleinerben und Ihre Kinder zu gleichen Teilen als Erben des Längerlebenden einsetzen, ersatzweise deren Abkömmlinge. Ferner wollen Sie eine Regelung für den Fall treffen, dass beide Ehepartner gleichzeitig versterben. Wenn ein Kind beim Tod des erstversterbenden Elternteils seinen Pflichtteil verlangt, soll es auch nach dem Längerlebenden enterbt sein und nur den Pflichtteil erhalten. Ferner wollen Sie die als Schlusserben eingesetzten Kinder vor finanziellen Einbußen schützen, falls der längerlebende Ehegatte wieder heiratet.

Im vorliegenden Fall handelt es sich um ein sogenanntes Berliner Testament, in dem sich die Eheleute gegenseitig als Erben einsetzen und das vom überlebenden Ehegatten nicht verbrauchte Vermögen erst nach dessen Tod an die Kinder übergeht.

Wenn der längerlebende Ehegatte nach dem ersten Erbfall alleiniger Erbe ist, bedeutet das zwangsläufig, dass die Kinder von der gesetzlichen Erbfolge ausgeschlossen werden und Pflichtteilsansprüche gegen den überlebenden Elternteil geltend machen können (vgl. dazu 1.1). Dieser Gefahr kann einmal damit begegnet werden, dass mit den Kindern bereits zu Lebzeiten ein Pflichtteilsverzicht vereinbart wird. Kommt ein solcher nicht zustande, kann in das Testament eine Verwirkungs- und Strafklausel aufgenommen werden, die die Kinder veranlassen soll, von der Geltendmachung des Pflichtteils abzusehen.

Wenn der längerlebende Ehegatte wieder heiratet, besteht für die im gemeinschaftlichen Testament eingesetzten Schlusserben (im Regelfall also die Kinder) die Gefahr, dass hierdurch Vermögen an den neuen Ehepartner abfließt und so der spätere Nachlass zulasten der Kinder geschmälert wird. Durch eine sogenannte Wiederverheiratungsklausel können die testamentarisch eingesetzten Schlusserben finanziell geschützt werden (vgl. dazu 4.3.4).

Widerruf testamentarischer Verfügungen

Vgl. dazu Testamentsmuster 5.12.

Formulierungsbeispiel

Testament

Vorsorglich widerrufen wir alle etwaigen früheren Verfügungen von Todes wegen, die wir gemeinsam oder einzeln errichtet haben.

Gegenseitige Erbeinsetzung der Eheleute

Vgl. dazu Testamentsmuster 5.13.

Formulierungsbeispiel

Wir, _____ [Vor- und Familiennamen des Ehegatten einsetzen] und _____ [Vor- und Familiennamen des anderen Ehegatten einsetzen], setzen uns gegenseitig zu alleinigen und unbeschränkten Erben ein.

Testament

Vorsorglich widerrufen wir alle etwaigen früheren Verfügungen von Todes wegen, die wir gemeinsam oder einzeln errichtet haben.

Wir, ______________________ [Vor- und Familiennamen des Ehegatten einsetzen] *und* ______________________ [Vor- und Familiennamen des anderen Ehegatten einsetzen], *setzen uns gegenseitig zu alleinigen und unbeschränkten Erben ein. Erben des Längstlebenden sind unsere gemeinsamen Kinder* ______________________ *und* ______________________ [Vor- und Familiennamen der Kinder einsetzen] *zu gleichen Teilen.*

Zu Ersatzerben bestimmen wir die Abkömmlinge unserer Kinder entsprechend den Regeln über die gesetzliche Erbfolge. Sind keine Abkömmlinge vorhanden, so soll der Erbteil des Weggefallenen den anderen Miterben im Verhältnis ihrer Erbteile anwachsen.

Für den Fall, dass wir beide gleichzeitig oder innerhalb eines Monats aufgrund derselben Ursache (z. B. eines Unfalls) versterben, setzen wir ______________________ *als Erben ein.*

Falls eines unserer Kinder nach dem Tod des Erstversterbenden gegen den Willen des Längerlebenden den Pflichtteil verlangt, soll es auch nach dem Längerlebenden von uns enterbt sein und nur seinen Pflichtteil erhalten.

Für den Fall, dass der längerlebende Ehegatte wieder heiratet, hat dieser den als Schlusserben eingesetzten Kindern einen Geldbetrag in Höhe ihres gesetzlichen Erbteils zu zahlen. Maßgebend für die Berechnung ist der Wert des reinen Nachlasses des Erstversterbenden zum Zeitpunkt des Erbfalls. Das Vermächtnis ist innerhalb von drei Monaten nach der Wiederverheiratung fällig. Der Anspruch entfällt, wenn ein Schlusserbe beim ersten Erbfall seinen Pflichtteilsanspruch geltend gemacht hat.

Im Falle der Wiederverheiratung ist der Längerlebende nicht mehr an die Erbeinsetzung der Schlusserben gebunden. Er kann dann neu und nach freiem Ermessen sowohl lebzeitig als auch durch Verfügung von Todes wegen verfügen.

Diese Verfügungen sind, soweit gesetzlich zulässig, wechselbezüglich.

______________________, *den* ____________

____

[Eigenhändige Unterschrift des Ehegatten]

Dies ist auch mein Wille.

______________________, *den* ____________

____

[Eigenhändige Unterschrift des anderen Ehegatten]

Einsetzung der Kinder als Schlusserben

Vgl. dazu Testamentsmuster 5.13.

Formulierungsbeispiel

Erben des Längstlebenden sind unsere gemeinsamen Kinder _____ und _____ [Vor- und Familiennamen der Kinder einsetzen] zu gleichen Teilen.

Einsetzung von Ersatzerben

Vgl. dazu Testamentsmuster 5.13.

Formulierungsbeispiel

Zu Ersatzerben bestimmen wir die Abkömmlinge unserer Kinder entsprechend den Regeln über die gesetzliche Erbfolge. Sind keine Abkömmlinge vorhanden, so soll der Erbteil des Weggefallenen den anderen Miterben im Verhältnis ihrer Erbteile anwachsen.

Regelung für den Fall des gleichzeitigen Versterbens

Vgl. dazu 4.2.

Formulierungsbeispiel

Für den Fall, dass wir beide gleichzeitig oder innerhalb eines Monats aufgrund derselben Ursache (z.B. eines Unfalls) versterben, setzen wir_________ als Erben ein.

Pflichtteilsstrafklausel

Eine Pflichtteilsstrafklausel im Berliner Testament kann inhaltlich auch so gestaltet werden, dass das als Schlusserbe eingesetzte Kind automatisch enterbt sein soll, wenn es beim Tod des Erstversterbenden gegen den Willen des Längerlebenden den Pflichtteil verlangt. Auch in diesem Fall kann das Kind beim Tod des Längerlebenden nur den Pflichtteil verlangen.

Im Gegensatz zum Änderungsvorbehalt, bei dem die Enterbung des als Schlusserben eingesetzten Kindes im Ermessen des zuletztversterbenden Elternteils steht (vgl. dazu Testamentsmuster 5.15), erfolgt in diesem Fall die Enterbung automatisch, wenn das Kind beim Tod des erstversterbenden Elternteils den Pflichtteil verlangt.

Formulierungsbeispiel

Falls eines unserer Kinder nach dem Tod des Erstversterbenden gegen den Willen des Längerlebenden den Pflichtteil verlangt, soll es auch nach dem Längerlebenden von uns enterbt sein und nur seinen Pflichtteil erhalten.

Wiederverheiratungsklausel

Durch die Wiederverheiratungsklausel wird der längerlebende Ehegatte für den Fall, dass er wieder heiratet, mit einem Vermächtnis beschwert. Er muss dann an die testamentarisch bestimmten Schlusserben einen Geldbetrag in Höhe von deren gesetzlichem Erbteil zahlen.

Sinnvoll ist es, die finanzielle Belastung des längerlebenden Ehegatten durch das Vermächtnis in der Form abzumildern, dass der Anspruch des Schlusserben auf das Vermächtnis nicht besteht, wenn dieser beim ersten Erbfall seinen Pflichtteilsanspruch geltend gemacht hat.

Formulierungsbeispiel

Für den Fall, dass der längerlebende Ehegatte wieder heiratet, hat dieser den als Schlusserben eingesetzten Kindern einen Geldbetrag in Höhe ihres gesetzlichen Erbteils zu zahlen. Maßgebend für die Berechnung ist der Wert des reinen Nachlasses des Erstversterbenden zum Zeitpunkt des Erbfalls. Das Vermächtnis ist innerhalb von drei Monaten nach der Wiederverheiratung fällig. Der Anspruch entfällt, wenn ein Schlusserbe beim ersten Erbfall seinen Pflichtteilsanspruch geltend gemacht hat.

Im Falle der Wiederverheiratung ist der Längerlebende nicht mehr an die Erbeinsetzung der Schlusserben gebunden. Er kann dann neu und nach freiem Ermessen sowohl lebzeitig als auch durch Verfügung von Todes wegen verfügen.

Wechselbezügliche Verfügungen

Vgl. Testamentsmuster 5.12.

Formulierungsbeispiel

Diese Verfügungen sind, soweit gesetzlich zulässig, wechselbezüglich.

Ort, Datum und Unterschrift

Vgl. dazu 2.2.

Formulierungsbeispiel

_____, den _____

_____

[Eigenhändige Unterschrift des Ehegatten]

Dies ist auch mein Wille.

_____, den _____

_____

[Eigenhändige Unterschrift des anderen Ehegatten]

5.17 Berliner Testament der Eheleute mit Erbeinsetzung der Kinder und Einsetzung von Ersatzerben sowie Enterbung eines Kindes

Ausgangssituation: Sie sind verheiratet und haben drei Kinder. Ihr Ehegatte und Sie wollen sich in einem gemeinschaftlichen Testament gegenseitig als Alleinerben und als Schlusserben zwei Kinder einsetzen, ersatzweise deren Abkömmlinge. Ein Kind soll enterbt werden. Ferner wollen Sie eine Regelung für den Fall treffen, dass beide Ehepartner gleichzeitig versterben.

Im vorliegenden Fall handelt es sich um ein sogenanntes Berliner Testament, in dem sich die Eheleute gegenseitig als Erben einsetzen und das vom überlebenden Ehegatten nicht verbrauchte Vermögen erst nach dessen Tod an die Kinder übergeht. Wenn der längerlebende Ehegatte nach dem ersten Erbfall alleiniger Erbe ist, bedeutet das zwangsläufig, dass die Kinder von der gesetzlichen Erbfolge ausgeschlossen werden und Pflichtteilsansprüche gegen den überlebenden Elternteil geltend machen können (vgl. dazu 1.1). Dieser Gefahr kann einmal damit begegnet werden, dass mit den Kindern bereits zu Lebzeiten ein Pflichtteilsverzicht vereinbart wird. Kommt ein solcher nicht zustande, kann in das Testament eine Verwirkungs- und Strafklausel aufgenommen werden, die die Kinder veranlassen soll, von der Geltendmachung des Pflichtteils abzusehen (vgl. Testamentsmuster 5.15 und 5.16).

Testament

Vorsorglich widerrufen wir alle etwaigen früheren Verfügungen von Todes wegen, die wir gemeinsam oder einzeln errichtet haben.

Wir, ______________________ [Vor- und Familiennamen des Ehegatten einsetzen] *und* ______________________ [Vor- und Familiennamen des anderen Ehegatten einsetzen], *setzen uns gegenseitig zu alleinigen und unbeschränkten Erben ein. Erben des Längstlebenden sind unsere gemeinsamen Kinder* ______________________ *und* ______________________ [Vor- und Familiennamen der Kinder einsetzen] *zu gleichen Teilen.*

Zu Ersatzerben bestimmen wir die Abkömmlinge unserer Kinder entsprechend den Regeln über die gesetzliche Erbfolge. Sind keine Abkömmlinge vorhanden, so soll der Erbteil des Weggefallenen den anderen Miterben im Verhältnis ihrer Erbteile anwachsen.

Für den Fall, dass wir beide gleichzeitig oder innerhalb eines Monats aufgrund derselben Ursache (z. B. eines Unfalls) versterben, setzen wir ______________________ *als Erben ein.*

Unser Kind ______________________ [Vor- und Familiennamen des Kindes, das enterbt werden soll, einsetzen] *und seine Abkömmlinge enterben wir.*

Diese Verfügungen sind, soweit gesetzlich zulässig, wechselbezüglich.

______________________, *den* ______________

____

[Eigenhändige Unterschrift des Ehegatten]

Dies ist auch mein Wille.

______________________, *den* ______________

____

[Eigenhändige Unterschrift des anderen Ehegatten]

Die Enterbung eines Kindes kann auch auf den zweiten Erbfall, also auf den Tod des Längstlebenden erstreckt werden. In diesem Fall steht dem enterbten Kind auch nach dem Tod des zuletztversterbenden Elternteils der Pflichtteil zu.

Widerruf testamentarischer Verfügungen

Vgl. dazu Testamentsmuster 5.12.

Formulierungsbeispiel

Testament

Vorsorglich widerrufen wir alle etwaigen früheren Verfügungen von Todes wegen, die wir gemeinsam oder einzeln errichtet haben.

Gegenseitige Erbeinsetzung der Eheleute

Vgl. dazu Testamentsmuster 5.13.

Formulierungsbeispiel

Wir, _____ [Vor- und Familiennamen des Ehegatten einsetzen] und _____ [Vor- und Familiennamen des anderen Ehegatten einsetzen], setzen uns gegenseitig zu alleinigen und unbeschränkten Erben ein.

Einsetzung der Kinder als Schlusserben

Vgl. dazu Testamentsmuster 5.13.

Formulierungsbeispiel

Erben des Längstlebenden sind unsere gemeinsamen Kinder _____ und _____ [Vor- und Familiennamen der Kinder einsetzen] zu gleichen Teilen.

Einsetzung von Ersatzerben

Vgl. dazu Testamentsmuster 5.13.

Formulierungsbeispiel

Zu Ersatzerben bestimmen wir die Abkömmlinge unserer Kinder entsprechend den Regeln über die gesetzliche Erbfolge. Sind keine Abkömmlinge vorhanden, so soll der Erbteil des Weggefallenen den anderen Miterben im Verhältnis ihrer Erbteile anwachsen.

Regelung für den Fall des gleichzeitigen Versterbens

Vgl. dazu 4.2.

Formulierungsbeispiel

Für den Fall, dass wir beide gleichzeitig oder innerhalb eines Monats aufgrund derselben Ursache (z.B. eines Unfalls) versterben, setzen wir _________ als Erben ein.

Enterbung

Vgl. dazu 3.4.

Die Enterbung des Kindes bedarf keiner Begründung. Erfolgt die Enterbung allerdings deshalb, weil das Kind bereits zu Lebzeiten eine Zuwendung erhalten hat, die auf den Pflichtteil anzurechnen ist, sollte dies im Testament ausdrücklich erwähnt werden. Ein entsprechender Hinweis ist insbesondere für die als Schlusserben eingesetzten Kinder von Bedeutung, weil sie dann nach dem Tod des zuletztversterbenden Elternteils Pflichtteilsansprüche des enterbten Kindes ganz oder teilweise abwehren können.

Die Enterbung des Kindes betrifft grundsätzlich nur das Kind, nicht dessen Abkömmlinge (z.B. die Enkel des Erblassers). Diese treten vielmehr an die Stelle der enterbten Person.

Wenn Sie die Enterbung auch auf die Abkömmlinge des enterbten Kindes erstrecken wollen, müssen Sie dies in Ihrer Verfügung ausdrücklich erklären.

Formulierungsbeispiel

Unser Kind _____ [Vor- und Familiennamen des Kindes, das enterbt werden soll, einsetzen] und seine Abkömmlinge enterben wir.

Wechselbezügliche Verfügungen

Vgl. dazu Testamentsmuster 5.12.

Die Enterbung des Kindes nach dem Tod des Längstlebenden kann nicht wechselbezüglich angeordnet werden. Der längerlebende Ehegatte kann also das im gemeinschaftlichen Testament enterbte Kind nach wie vor als Erben einsetzen oder ihm ein Vermächtnis zuwenden.

Formulierungsbeispiel

Diese Verfügungen sind, soweit gesetzlich zulässig, wechselbezüglich.

Ort, Datum und Unterschrift

Vgl. dazu 2.2.

Formulierungsbeispiel

_____, den _____

_____

[Eigenhändige Unterschrift des Ehegatten]

Dies ist auch mein Wille.

_____, den _____

_____

[Eigenhändige Unterschrift des anderen Ehegatten]

5.18 Gemeinschaftliches Testament der Eheleute mit Erbeinsetzung der Kinder und Einsetzung von Ersatzerben und Nießbrauchsvermächtnis zugunsten des längstlebenden Ehegatten

Ausgangssituation: Sie sind verheiratet. In einem gemeinschaftlichen Testament wollen Sie Ihre beiden Kinder als Erben einsetzen, ersatzweise deren Abkömmlinge. Beim Tod des erstversterbenden Ehegatten soll zugunsten des Längerlebenden ein Nießbrauch am Eigenheim der Eheleute vermacht werden. Der Längerlebende soll als Testamentsvollstrecker eingesetzt werden.

Die Erbeinsetzung der Kinder durch jeden Ehegatten kann aus erbschaftsteuerlicher Sicht sinnvoll sein, wenn beide Ehepartner über ein ausreichendes Einkommen und Vermögen verfügen.

Widerruf testamentarischer Verfügungen

Vgl. dazu Testamentsmuster 5.12.

Formulierungsbeispiel

Testament

Vorsorglich widerrufen wir alle etwaigen früheren Verfügungen von Todes wegen, die wir gemeinsam oder einzeln errichtet haben.

Erbeinsetzung der Kinder

Durch die Erbeinsetzung der gemeinsamen Kinder ist der jeweils andere Ehegatte zwangsläufig enterbt.

Formulierungsbeispiel

Jeder von uns beruft zu seinen alleinigen Erben zu gleichen Teilen unsere gemeinsamen Kinder _____ und _____ [Vor- und Familiennamen der Kinder einsetzen].

Einsetzung von Ersatzerben

Vgl. dazu Testamentsmuster 5.13.

Formulierungsbeispiel

Zu Ersatzerben bestimmen wir die Abkömmlinge unserer Kinder entsprechend den Regeln über die gesetzliche Erbfolge. Sind keine Abkömmlinge vorhanden, so soll der Erbteil des Weggefallenen dem anderen Miterben anwachsen.

Nießbrauchsvermächtnis

Vgl. dazu 3.5.2.

Nachdem der längstlebende Ehegatte durch die Erbeinsetzung der Kinder zwangsläufig enterbt wird, kann er das Vermächtnis ausschlagen und den Pflichtteil verlangen. Dies kann durch einen Pflichtteilsverzichtsvertrag ausgeschlossen werden, der unter der Bedingung abgeschlossen werden kann, dass das zugunsten des längstlebenden Ehegatten angeordnete Vermächtnis nicht widerrufen wird.

Testament

Vorsorglich widerrufen wir alle etwaigen früheren Verfügungen von Todes wegen, die wir gemeinsam oder einzeln errichtet haben.

Jeder von uns beruft zu seinen alleinigen Erben zu gleichen Teilen unsere gemeinsamen Kinder ______________________ *und* ______________________ [Vor- und Familiennamen der Kinder einsetzen].

Zu Ersatzerben bestimmen wir die Abkömmlinge unserer Kinder entsprechend den Regeln über die gesetzliche Erbfolge. Sind keine Abkömmlinge vorhanden, so soll der Erbteil des Weggefallenen dem anderen Miterben anwachsen.

Im Wege eines Vermächtnisses vermacht der Erstversterbende dem Längstlebenden den lebenslangen unentgeltlichen Nießbrauch an dem Hausgrundstück Nr. _____ *in* ______________________, ______________________ [Ort, Straße], *eingetragen im Grundbuch von* ______________, *Band* _____, *Blatt Nr.* _____, *Flurstücksnummer* _____.

Die Ausübung des Nießbrauchs ist nicht übertragbar und vererbbar und kann anderen nicht überlassen werden.

Der Nießbraucher ist berechtigt, sämtliche Nutzungen aus dem Grundstück zu ziehen. Er hat alle mit dem Nießbrauchsgegenstand verbundenen privaten und öffentlichen Aufwendungen und Lasten, auch die außerordentlichen Lasten zu tragen, soweit dies gesetzlich zulässig ist.

Ebenso hat er die außergewöhnlichen und zur Substanzerhaltung erforderlichen Ausbesserungen und Erneuerungen zu tragen wie diese der Eigentümer kraft Gesetzes zu tragen hätte.

Im Übrigen gelten die gesetzlichen Bestimmungen zum Nießbrauch.

Um sicherzustellen, dass das testamentarisch angeordnete Vermächtnis erfüllt wird, ordnen wir Testamentsvollstreckung an. Testamentsvollstrecker ist der Längstlebende von uns. Der Testamentsvollstrecker hat den Nachlass bis zu seinem Tod zu verwalten. Er ist in der Eingehung von Verbindlichkeiten für den Nachlass nicht beschränkt. Er ist von allen Verpflichtungen befreit, soweit dies gesetzlich zulässig ist.

Der Testamentsvollstrecker erhält für seine Tätigkeit keine Vergütung.

Diese Verfügungen sind, soweit gesetzlich zulässig, wechselbezüglich.

______________________, *den* ______________

____

[Eigenhändige Unterschrift des Ehegatten]

Dies ist auch mein Wille.

______________________, *den* ______________

____

[Eigenhändige Unterschrift des anderen Ehegatten]

Formulierungsbeispiel

Im Wege eines Vermächtnisses vermacht der Erstversterbende dem Längstlebenden den lebenslangen unentgeltlichen Nießbrauch an dem Hausgrundstück Nr. _____ in _____, _____straße, eingetragen im Grundbuch von _____, Band _____, Blatt Nr. _____, Flurstücksnummer _____.

Die Ausübung des Nießbrauchs ist nicht übertragbar und vererbbar und kann anderen nicht überlassen werden.

Der Nießbraucher ist berechtigt, sämtliche Nutzungen aus dem Grundstück zu ziehen. Er hat alle mit dem Nießbrauchsgegenstand verbundenen privaten und öffentlichen Aufwendungen und Lasten, auch die außerordentlichen Lasten zu tragen, soweit dies gesetzlich zulässig ist.

Ebenso hat er die außergewöhnlichen und zur Substanzerhaltung erforderlichen Ausbesserungen und Erneuerungen zu tragen wie diese der Eigentümer kraft Gesetzes zu tragen hätte.

Im Übrigen gelten die gesetzlichen Bestimmungen zum Nießbrauch.

Sicherstellung des Vermächtnisses

Durch die Einsetzung des längstlebenden Ehegatten als Testamentsvollstrecker wird die Durchsetzung des Vermächtnisses sichergestellt. Ferner erlangt er durch die Aufgabe, den gesamten Nachlass bis zu seinem Tod zu verwalten, gegenüber den Erben eine hervorgehobene Stellung.

Formulierungsbeispiel

Um sicherzustellen, dass das testamentarisch angeordnete Vermächtnis erfüllt wird, ordnen wir Testamentsvollstreckung an. Testamentsvollstrecker ist der Längstlebende von uns. Der Testamentsvollstrecker hat den Nachlass bis zu seinem Tod zu verwalten. Er ist in der Eingehung von Verbindlichkeiten für den Nachlass nicht beschränkt. Er ist von allen Verpflichtungen befreit, soweit dies gesetzlich zulässig ist.

Der Testamentsvollstrecker erhält für seine Tätigkeit keine Vergütung.

Wechselbezügliche Verfügungen

Vgl. dazu Testamentsmuster 5.12.

Formulierungsbeispiel

Diese Verfügungen sind, soweit gesetzlich zulässig, wechselbezüglich.

Ort, Datum und Unterschrift

Vgl. dazu 2.2.

Formulierungsbeispiel

_____, den _____

_____[Eigenhändige Unterschrift des Ehegatten]

Dies ist auch mein Wille.

_____, den _____

_____[Eigenhändige Unterschrift des anderen Ehegatten]

5.19 Berliner Testament der Eheleute mit Erbeinsetzung der Kinder und Einsetzung von Ersatzerben, Benennung eines Vormunds für minderjähriges Kind und Anordnung der Testamentsvollstreckung bis zum Erreichen eines bestimmten Lebensalters des Erben

Ausgangssituation: Sie sind verheiratet und haben drei Kinder. Ihr Ehegatte und Sie wollen sich in einem gemeinschaftlichen Testament gegenseitig als Alleinerben und Ihre Kinder zu gleichen Teilen als Erben des Längerlebenden einsetzen, ersatzweise deren Abkömmlinge. Ferner wollen Sie eine Regelung für den Fall treffen, dass beide Ehepartner gleichzeitig versterben. Für den Fall, dass beim Tod des Längerlebenden ein Kind noch minderjährig ist, wollen Sie einen Vormund benennen. Ferner wollen Sie Testamentsvollstreckung anordnen, bis das jüngste Kind das 25. Lebensjahr vollendet hat.

Im vorliegenden Fall handelt es sich um ein sogenanntes Berliner Testament, in dem sich die Eheleute gegenseitig als Erben einsetzen und das vom überlebenden Ehegatten nicht verbrauchte Vermögen erst nach dessen Tod an die Kinder übergeht.

Testament

Vorsorglich widerrufen wir alle etwaigen früheren Verfügungen von Todes wegen, die wir gemeinsam oder einzeln errichtet haben.

Wir, ______________________ [Vor- und Familiennamen des Ehegatten einsetzen] *und* ______________________ [Vor- und Familiennamen des anderen Ehegatten einsetzen], *setzen uns gegenseitig zu alleinigen und unbeschränkten Erben ein. Erben des Längstlebenden sind unsere gemeinsamen Kinder* ______________________, ______________________ *und* ______________________ [Vor- und Familiennamen der Kinder einsetzen] *zu gleichen Teilen.*

Zu Ersatzerben bestimmen wir die Abkömmlinge unserer Kinder entsprechend den Regeln über die gesetzliche Erbfolge. Sind keine Abkömmlinge vorhanden, so soll der Erbteil des Weggefallenen den anderen Miterben im Verhältnis ihrer Erbteile anwachsen.

Für den Fall, dass wir beide gleichzeitig oder innerhalb eines Monats aufgrund derselben Ursache (z. B. eines Unfalls) versterben, setzen wir ______________________ *als Erben ein.*

Für den Fall, dass wir für unsere minderjährigen Kinder die elterliche Sorge wegen Todes nicht mehr ausüben können, benennen wir folgenden Vormund: ______________________ [Name und Vorname des vorgeschlagenen Vormunds einsetzen]. *Wenn die vorstehend genannte Person nicht als Vormund bestellt werden kann, soll ersatzweise die im Folgenden genannte Person zum Vormund bestellt werden* ______________________ [Name und Vorname des vorgeschlagenen Ersatzvormunds einsetzen].

Für den Fall, dass beim Tod des Längstlebenden von uns das jüngste Kind das 25. Lebensjahr noch nicht vollendet hat, ordnen wir Testamentsvollstreckung an. Zum Testamentsvollstrecker bestimmen wir ______________________ [Vor- und Familiennamen einsetzen], *ersatzweise* ______________________ [Vor- und Familiennamen des Ersatztestamentsvollstreckers einsetzen].

Der Testamentsvollstrecker hat die Aufgabe, den Nachlass bis zum 25. Lebensjahr unseres jüngsten Kindes zu verwalten. Er ist in der Eingehung von Verbindlichkeiten für den Nachlass nicht beschränkt. Er ist von allen Verpflichtungen befreit, soweit dies gesetzlich zulässig ist.

Der Testamentsvollstrecker hat dem Vormund ausreichende Beträge für die Bestreitung der Kosten des Unterhalts und der Ausbildung der Kinder zur Verfügung zu stellen. Die Erträgnisse des Nachlasses sollen für den Unterhalt und die Ausbildung unserer Kinder verwendet werden. Gegebenenfalls kann auch auf den Vermögensstamm zurückgegriffen werden.

Nach Vollendung des 25. Lebensjahres unseres jüngsten Kindes soll der Testamentsvollstrecker die Auseinandersetzung der Erbengemeinschaft bewirken.

Der Testamentsvollstrecker erhält für seine Tätigkeit eine angemessene Vergütung.

Diese Verfügungen sind, soweit gesetzlich zulässig, wechselbezüglich.

______________________, *den* ____________

____

[Eigenhändige Unterschrift des Ehegatten]

Dies ist auch mein Wille.

______________________, *den* ____________

____

[Eigenhändige Unterschrift des anderen Ehegatten]

Werden durch den Erbfall (z.B. durch einen Verkehrsunfall der Eltern) minderjährige Kinder elternlos, so erhält ein minderjähriges Kind einen Vormund. Die Eltern haben die Möglichkeit, durch ein Testament den Vormund zu benennen. Mit der Benennung eines Vormunds können die Eltern auch Anordnungen verbinden, wie der Vormund das Vermögen des Kindes zu verwalten hat.

Zusätzlich zur Benennung eines Vormunds können Sie einem Testamentsvollstrecker die Aufgabe übertragen, den Nachlass des Kindes zu verwalten. Die Testamentsvollstreckung kann befristet angeordnet werden und so lange gelten, bis das Kind ein bestimmtes Alter erreicht hat.

Widerruf testamentarischer Verfügungen

Vgl. dazu Testamentsmuster 5.12.

Formulierungsbeispiel

Testament

Vorsorglich widerrufen wir alle etwaigen früheren Verfügungen von Todes wegen, die wir gemeinsam oder einzeln errichtet haben.

Gegenseitige Erbeinsetzung der Eheleute

Vgl. dazu Testamentsmuster 5.13.

Formulierungsbeispiel

Wir, _____ [Vor- und Familiennamen des Ehegatten einsetzen] und _____ [Vor- und Familiennamen des anderen Ehegatten einsetzen], setzen uns gegenseitig zu alleinigen und unbeschränkten Erben ein.

Einsetzung der Kinder als Schlusserben

Vgl. dazu Testamentsmuster 5.13.

Formulierungsbeispiel

Erben des Längstlebenden sind unsere gemeinsamen Kinder _____, _____ und _____ [Vor- und Familiennamen der Kinder einsetzen] zu gleichen Teilen.

Einsetzung von Ersatzerben

Vgl. dazu Testamentsmuster 5.13.

Formulierungsbeispiel

Zu Ersatzerben bestimmen wir die Abkömmlinge unserer Kinder entsprechend den Regeln über die gesetzliche Erbfolge. Sind keine Abkömmlinge vorhanden, so soll der Erbteil des Weggefallenen den anderen Miterben im Verhältnis ihrer Erbteile anwachsen.

Regelung für den Fall des gleichzeitigen Versterbens

Vgl. dazu 4.2.

Formulierungsbeispiel

Für den Fall, dass wir beide gleichzeitig oder innerhalb eines Monats aufgrund derselben Ursache (z.B. eines Unfalls) versterben, setzen wir _________ als Erben ein.

Benennung eines Vormunds

Vgl. dazu 3.10.4.

Sinnvoll ist es, auch einen Ersatzvormund zu benennen.

Formulierungsbeispiel

Für den Fall, dass wir für unsere minderjährigen Kinder die elterliche Sorge wegen Todes nicht mehr ausüben können, benennen wir folgenden Vormund: _____ [Name und Vorname des vorgeschlagenen Vormunds einsetzen]. Wenn die vorstehend genannte Person nicht als Vormund bestellt werden kann, soll ersatzweise die im Folgenden genannte Person zum Vormund bestellt werden: _____ [Name und Vorname des vorgeschlagenen Ersatzvormunds einsetzen].

Testamentsvollstreckung

Vgl. dazu 3.9.

Die Anordnung der Testamentsvollstreckung hat vor allem den Vorteil, dass sie über das 18. Lebensjahr des Kindes hinaus angeordnet werden kann.

Bis zur Vollendung des 25. Lebensjahres des jüngsten Kindes wird eine sogenannte Verwaltungsvollstreckung angeordnet. Diese beschränkt sich ausschließlich auf die bloße Verwaltung des Nachlasses oder einzelner Nachlassgegenstände.

Diese Gestaltung der Testamentsvollstreckung bietet sich für unerfahrene Erben an, die ein bestimmtes Lebensalter noch nicht erreicht haben.

Wenn das jüngste Kind das 25. Lebensjahr erreicht hat, wandelt sich die Verwaltungs- in eine Abwicklungsvollstreckung um. Dann obliegt es dem Testamentsvollstrecker, den Nachlass unter den Miterben zu verteilen und den geordneten Übergang des Vermögens auf die Erben sicherzustellen.

Formulierungsbeispiel

Für den Fall, dass beim Tod des Längstlebenden von uns das jüngste Kind das 25. Lebensjahr noch nicht vollendet hat, ordnen wir Testamentsvollstreckung an. Zum Testamentsvollstrecker bestimmen wir _____ [Vor- und Familiennamen einsetzen], ersatzweise _____ [Vor- und Familiennamen des Ersatztestamentsvollstreckers einsetzen].

Der Testamentsvollstrecker hat die Aufgabe, den Nachlass bis zum 25. Lebensjahr unseres jüngsten Kindes zu verwalten. Er ist in der Eingehung von Verbindlichkeiten für den Nachlass nicht beschränkt. Er ist von allen Verpflichtungen befreit, soweit dies gesetzlich zulässig ist.

Der Testamentsvollstrecker hat dem Vormund ausreichende Beträge für die Bestreitung der Kosten des Unterhalts und der Ausbildung der Kinder zur Verfügung zu stellen. Die Erträgnisse des Nachlasses sollen für den Unterhalt und die Ausbildung unserer Kinder verwendet werden. Gegebenenfalls kann auch auf den Vermögensstamm zurückgegriffen werden.

Nach Vollendung des 25. Lebensjahres unseres jüngsten Kindes soll der Testamentsvollstrecker die Auseinandersetzung der Erbengemeinschaft bewirken.

Der Testamentsvollstrecker erhält für seine Tätigkeit eine angemessene Vergütung.

Wechselbezügliche Verfügungen

Vgl. Testamentsmuster 5.12.

Formulierungsbeispiel

Diese Verfügungen sind, soweit gesetzlich zulässig, wechselbezüglich.

Ort, Datum und Unterschrift

Vgl. dazu 2.2.

Formulierungsbeispiel

_____, den _____

_____

[Eigenhändige Unterschrift des Ehegatten]

Dies ist auch mein Wille.

_____, den _____

_____

[Eigenhändige Unterschrift des anderen Ehegatten]

5.20 Berliner Testament der Eheleute mit Erbeinsetzung der Kinder und Einsetzung von Ersatzerben, mit Teilungsverbot und Anordnung der Testamentsvollstreckung

Ausgangssituation: Sie sind verheiratet und haben zwei Kinder. Ihr Ehegatte und Sie wollen sich in einem gemeinschaftlichen Testament gegenseitig als Alleinerben und Ihre Kinder zu gleichen Teilen als Erben des Längerlebenden einsetzen, ersatzweise deren Abkömmlinge. Ferner wollen Sie eine Regelung für den Fall treffen, dass beide Ehepartner gleichzeitig versterben. Im Nachlass befindet sich ein Ferienhaus, das den Eheleuten je zur Hälfte gehört. Dieses Haus soll in der Erbengemeinschaft verbleiben, bis der jüngste Erbe das 25. Lebensjahr vollendet hat. Zur Sicherstellung des Teilungsverbots soll Testamentsvollstreckung angeordnet werden.

Im vorliegenden Fall handelt es sich um ein sogenanntes Berliner Testament, in dem sich die Eheleute gegenseitig als Erben einsetzen und das vom überlebenden Ehegatten nicht verbrauchte Vermögen erst nach dessen Tod an die Kinder übergeht.

Nach dem Tod des längstlebenden Elternteils bilden die Kinder als Schlusserben eine Erbengemeinschaft. Jeder Miterbe ist jederzeit berechtigt, die Auseinandersetzung der Erbengemeinschaft,

Testament

Vorsorglich widerrufen wir alle etwaigen früheren Verfügungen von Todes wegen, die wir gemeinsam oder einzeln errichtet haben.

Wir, ______________________ [Vor- und Familiennamen des Ehegatten einsetzen] *und* ______________________ [Vor- und Familiennamen des anderen Ehegatten einsetzen], *setzen uns gegenseitig zu alleinigen und unbeschränkten Erben ein. Erben des Längstlebenden sind unsere gemeinsamen Kinder* ______________________, ______________________ *und* ______________________ [Vor- und Familiennamen der Kinder einsetzen] *zu gleichen Teilen.*

Zu Ersatzerben bestimmen wir die Abkömmlinge unserer Kinder entsprechend den Regeln über die gesetzliche Erbfolge. Sind keine Abkömmlinge vorhanden, so soll der Erbteil des Weggefallenen den anderen Miterben im Verhältnis ihrer Erbteile anwachsen.

Für den Fall, dass wir beide gleichzeitig oder innerhalb eines Monats aufgrund derselben Ursache (z. B. eines Unfalls) versterben, setzen wir ______________________ *als Erben ein.*

Der Längstlebende von uns schließt die Auseinandersetzung hinsichtlich des im Nachlass befindlichen Hausgrundstücks in ______________________, ______________________ [Ort, Straße], *das als Ferienhaus genutzt wird, aus, bis der jüngste Miterbe das 25. Lebensjahr vollendet hat. Die Auseinandersetzung soll auch nicht einvernehmlich unter den Erben möglich sein.*

Wir ordnen deshalb Testamentsvollstreckung an. Zum Testamentsvollstrecker bestimmen wir ______________________ [Vor- und Familiennamen einsetzen]. *Einzige Aufgabe des Testamentsvollstreckers ist es, die Einhaltung dieses Verbots zu überwachen. Die Testamentsvollstreckung endet mit dem Zeitpunkt, in dem den Erben die Auseinandersetzung gestattet ist.*

Der Testamentsvollstrecker erhält für seine Tätigkeit eine angemessene Vergütung.

Diese Verfügungen sind, soweit gesetzlich zulässig, wechselbezüglich.

______________________, *den* ____________

____

[Eigenhändige Unterschrift des Ehegatten]

Dies ist auch mein Wille.

______________________, *den* ____________

____

[Eigenhändige Unterschrift des anderen Ehegatten]

also die Verteilung des Nachlasses zu verlangen. Wollen Sie das verhindern, können Sie die Auseinandersetzung insgesamt oder die Verteilung einzelner Nachlassgegenstände testamentarisch ausschließen.

Sinnvoll ist es, das testamentarische Teilungsverbot mit der Anordnung der Testamentsvollstreckung zu verbinden und so dessen Durchsetzung sicherzustellen.

Widerruf testamentarischer Verfügungen

Vgl. dazu Testamentsmuster 5.12.

Formulierungsbeispiel

Testament

Vorsorglich widerrufen wir alle etwaigen früheren Verfügungen von Todes wegen, die wir gemeinsam oder einzeln errichtet haben.

Gegenseitige Erbeinsetzung der Eheleute

Vgl. dazu Testamentsmuster 5.13.

Formulierungsbeispiel

Wir, _____ [Vor- und Familiennamen des Ehegatten einsetzen] und _____ [Vor- und Familiennamen des anderen Ehegatten einsetzen], setzen uns gegenseitig zu alleinigen und unbeschränkten Erben ein.

Einsetzung der Kinder als Schlusserben

Vgl. dazu Testamentsmuster 5.13.

Formulierungsbeispiel

Erben des Längstlebenden sind unsere gemeinsamen Kinder _____, _____ und _____ [Vor- und Familiennamen der Kinder einsetzen] zu gleichen Teilen.

Einsetzung von Ersatzerben

Vgl. dazu Testamentsmuster 5.13.

Formulierungsbeispiel

Zu Ersatzerben bestimmen wir die Abkömmlinge unserer Kinder entsprechend den Regeln über die gesetzliche Erbfolge. Sind keine Abkömmlinge vorhanden, so soll der Erbteil des Weggefallenen den anderen Miterben im Verhältnis ihrer Erbteile anwachsen.

Regelung für den Fall des gleichzeitigen Versterbens

Vgl. dazu 4.2.

Formulierungsbeispiel

Für den Fall, dass wir beide gleichzeitig oder innerhalb eines Monats aufgrund derselben Ursache (z. B. eines Unfalls) versterben, setzen wir _________ als Erben ein.

Teilungsverbot

Vgl. dazu 3.8.

Testamentarisch kann das Teilungsverbot auf den gesamten Nachlass oder auf bestimmte Nachlassgegenstände beschränkt werden.

Das Teilungsverbot hat zur Folge, dass kein Miterbe gegen die übrigen Miterben einen Anspruch auf Auseinandersetzung des Nachlasses hat. Auch dem Nachlassgericht ist es untersagt, an der Auseinandersetzung mitzuwirken.

Formulierungsbeispiel

Der Längstlebende von uns schließt die Auseinandersetzung hinsichtlich des im Nachlass befindlichen Hausgrundstücks in _____, _____straße, das als Ferienhaus genutzt wird, aus, bis der jüngste Miterbe das 25. Lebensjahr vollendet hat. Die Auseinandersetzung soll auch nicht einvernehmlich unter den Erben möglich sein.

Testamentsvollstreckung

Vgl. dazu 3.9.

Das testamentarische Teilungsverbot hat nur schuldrechtliche Wirkung. Deshalb besteht keine Gewähr, dass es auch ausgeführt wird. Die Erben können einvernehmlich von dem Verbot abweichen. Wenn Sie sicherstellen wollen, dass Ihre Anordnung tatsächlich umgesetzt wird, können Sie einen Testamentvollstrecker einsetzen und diesen mit der Durchsetzung des Teilungsverbots beauftragen.

Formulierungsbeispiel

Wir ordnen deshalb Testamentsvollstreckung an. Zum Testamentsvollstrecker bestimmen wir ______ [Vor- und Familiennamen einsetzen]. Einzige Aufgabe des Testamentsvollstreckers ist es, die Einhaltung dieses Verbots zu überwachen. Die Testamentsvollstreckung endet mit dem Zeitpunkt, in dem den Erben die Auseinandersetzung gestattet ist.

Der Testamentsvollstrecker erhält für seine Tätigkeit eine angemessene Vergütung.

Wechselbezügliche Verfügungen

Vgl. Testamentsmuster 5.12.

Das Teilungsverbot kann im gemeinschaftlichen Testament nicht wechselbezüglich ausgestaltet werden; das Verbot kann also jederzeit von jedem Ehegatten widerrufen werden.

Formulierungsbeispiel

Diese Verfügungen sind, soweit gesetzlich zulässig, wechselbezüglich.

Ort, Datum und Unterschrift

Vgl. dazu 2.2.

Formulierungsbeispiel

_____, den _____

_____

[Eigenhändige Unterschrift des Ehegatten]

Dies ist auch mein Wille.

_____, den _____

_____

[Eigenhändige Unterschrift des anderen Ehegatten]

5.21 Gemeinschaftliches Testament der Eheleute in Patchworkfamilie

Ausgangssituation: Sie sind verheiratet und haben aus erster Ehe zwei Kinder. Ihr Ehegatte hat ein Kind aus der geschiedenen ersten Ehe. Gemeinsame Kinder sind nicht vorhanden. Sie möchten mit Ihrem Ehepartner ein gemeinschaftliches Testament errichten und festlegen, dass Sie sich beim Tod des Erstversterbenden zwar gegenseitig finanziell versorgen, gleichzeitig aber sicherstellen, dass der Nachlass dann nach dem Tod des Längstlebenden an die leiblichen Kinder jeweils aus der ersten Ehe fällt. Insbesondere soll verhindert werden, dass ein Stiefkind erbrechtliche Ansprüche auf den Nachlass eines Stiefelternteils geltend machen kann.

Nach der gesetzlichen Erbfolge verteilt sich das Vermögen der Partner in einer Patchworkfamilie je nachdem, welcher Partner zuerst verstirbt. Beim Tod eines Partners erben dessen leibliche Kinder. Daneben erbt der Partner die Hälfte des Nachlasses, wenn die Partner verheiratet waren und im gesetzlichen Güterstand der Zugewinngemeinschaft gelebt haben. Waren die Partner nicht verheiratet, erben jeweils nur die leiblichen Kinder. Haben die Ehepartner einer Patchworkfamilie kein Testament errichtet, so hängt die Höhe des Erbes der nicht gemeinsamen Kinder davon ab, welcher Partner zuerst stirbt.

Für von der gesetzlichen Erbfolge abweichende testamentarische Regelungen sind entsprechend Ihren persönlichen Wünschen verschiedene Gestaltungen denkbar. Häufig wünschen die Ehepartner, dass zunächst der überlebende Partner finanziell abgesichert werden soll. Danach soll das Vermögen an die leiblichen Kinder übergehen. In diesem Fall können der überlebende Ehegatte als Vorerbe und die eigenen Kinder des verstorbenen Ehepartners als Nacherben eingesetzt werden.

Bindung an frühere Verfügungen von Todes wegen

Mit der Scheidung wird ein gemeinschaftliches Testament von Ehegatten unwirksam. Die Eheleute sind in diesem Fall also auch nicht mehr an wechselseitige Verfügungen (z.B. die gegenseitige Erbeinsetzung) gebunden.

Formulierungsbeispiel

Testament

Wir unterliegen keiner Bindung aus einer früheren Verfügung von Todes wegen.

Widerruf testamentarischer Verfügungen

Unabhängig davon, dass davon auszugehen ist, dass eine testamentarische Verfügung, durch die der Erblasser seinen Ehegatten bedacht hat, grundsätzlich unwirksam ist, wenn die Ehe geschieden wurde, sollten vorsorglich etwaige testamentarische Verfügungen widerrufen werden.

Formulierungsbeispiel

Vorsorglich widerrufen wir alle etwaigen früheren Verfügungen von Todes wegen, die wir gemeinsam oder einzeln errichtet haben.

Testament

Wir unterliegen keiner Bindung aus einer früheren Verfügung von Todes wegen.

Vorsorglich widerrufen wir alle etwaigen früheren Verfügungen von Todes wegen, die wir gemeinsam oder einzeln errichtet haben.

Erbeinsetzung durch den Ehemann

Ich, ______________________ [Vor- und Familiennamen des Erblassers einsetzen], *setze hiermit meine Ehefrau* ______________________ [Vor- und Familiennamen der Ehefrau einsetzen] *zur alleinigen Erbin ein. Meine Ehefrau ist jedoch nur Vorerbin. Sie ist von den gesetzlichen Beschränkungen, soweit zulässig, befreit.*

Die Nacherbfolge tritt mit dem Tod des Vorerben ein.

Nacherben sind meine beiden Kinder ______________________ *und* ______________________ [Vor- und Familiennamen Kinder einsetzen] *zu gleichen Teilen. Ersatznacherben sind die jeweiligen im Zeitpunkt des Nacherbfalls vorhandenen Abkömmlinge, mehrere zu gleichen Teilen nach Stämmen und nach den Regeln der gesetzlichen Erbfolge.*

Erbeinsetzung durch die Ehefrau

Ich, ______________________ [Vor- und Familiennamen des Erblassers einsetzen], *setze hiermit meinen Ehemann* ______________________ [Vor- und Familiennamen des Ehemanns einsetzen] *zum alleinigen Erben ein. Mein Ehemann ist jedoch nur Vorerbe. Er ist von den gesetzlichen Beschränkungen, soweit zulässig, befreit.*

Die Nacherbfolge tritt mit dem Tod des Vorerben ein.

Nacherbe ist mein Sohn ______________________ [Vor- und Familiennamen des Kindes einsetzen]. *Ersatznacherben sind die jeweiligen im Zeitpunkt des Nacherbfalls vorhandenen Abkömmlinge, mehrere zu gleichen Teilen nach Stämmen und nach den Regeln der gesetzlichen Erbfolge.*

______________________, *den* ______________

____

[Eigenhändige Unterschrift des Ehegatten]

Dies ist auch mein Wille.

______________________, *den* ______________

____

[Eigenhändige Unterschrift des anderen Ehegatten]

Vor- und Nacherbfolge

Vgl. dazu 3.3.

Sie müssen Ihren Ehepartner zum Vorerben bestimmen. Er ist Erbe bis zum Eintritt des Nacherbfalls.

Sie müssen festlegen, wer nach dem Vorerben die Erbschaft erhalten soll. Sie dürfen es nicht dem Vorerben überlassen, den Nacherben zu bestimmen. Ihre leiblichen Kinder als Nacherben werden mit dem Eintritt des Nacherbfalls endgültige Erben des Nachlasses. Sie können frei über den Nachlass verfügen.

Sie müssen bestimmen, wann der Nacherbfall eintreten soll, also den Fall, wann die Erbschaft an den Nacherben übergeht. Treffen Sie keine

Anordnung über den Nacherbfall, so tritt dieser mit dem Tod des Vorerben ein.

Ein von Ihnen eingesetzter Vorerbe kann zwar als Eigentümer aller Nachlassgegenstände und Gläubiger aller Forderungen über den Nachlass verfügen, damit aber den Nacherben der Wert und die Substanz des Nachlasses erhalten bleiben, ist der Vorerbe in seiner Verfügungsmacht beschränkt. Das bedeutet konkret, dass er keine Schenkungen aus dem Nachlass vornehmen und Immobilien im Nachlass nicht verkaufen darf. Er muss auf Verlangen des Nacherben bestimmte Wertpapiere hinterlegen. Geld muss der Vorerbe mündelsicher anlegen.

Sie können den Vorerben von allen gesetzlich zulässigen Beschränkungen und Verfügungen befreien. In diesem Fall ist der Vorerbe insbesondere von der Verfügungsbeschränkung über Grundstücke, der Hinterlegung von Wertpapieren und der mündelsicheren Anlage von Geld befreit. Nicht befreit ist der Vorerbe dagegen vom gesetzlichen Verbot, Schenkungen aus dem Nachlass vorzunehmen.

Formulierungsbeispiel

Erbeinsetzung durch den Ehemann

Ich, _____ [Vor- und Familiennamen des Erblassers einsetzen], setze hiermit meine Ehefrau _____ [Vor- und Familiennamen der Ehefrau einsetzen] zur alleinigen Erbin ein. Meine Ehefrau ist jedoch nur Vorerbin. Sie ist von den gesetzlichen Beschränkungen, soweit zulässig, befreit.

Die Nacherbfolge tritt mit dem Tod des Vorerben ein.

Nacherben sind meine beiden Kinder _____ und _____ [Vor- und Familiennamen Kinder einsetzen] zu gleichen Teilen. Ersatznacherben sind die jeweiligen im Zeitpunkt des Nacherbfalls vorhandenen Abkömmlinge, mehrere zu gleichen Teilen nach Stämmen und nach den Regeln der gesetzlichen Erbfolge.

Erbeinsetzung durch die Ehefrau

Ich, _____ [Vor- und Familiennamen des Erblassers einsetzen], setze hiermit meinen Ehemann _____ [Vor- und Familiennamen des Ehemanns einsetzen] zum alleinigen Erben ein. Mein Ehemann ist jedoch nur Vorerbe. Er ist von den gesetzlichen Beschränkungen, soweit zulässig, befreit.

Die Nacherbfolge tritt mit dem Tod des Vorerben ein.

Nacherbe ist mein Sohn _____ [Vor- und Familiennamen des Kindes einsetzen]. Ersatznacherben sind die jeweiligen im Zeitpunkt des Nacherbfalls vorhandenen Abkömmlinge, mehrere zu gleichen Teilen nach Stämmen und nach den Regeln der gesetzlichen Erbfolge.

Ort, Datum und Unterschrift

Vgl. dazu 2.2.

Formulierungsbeispiel

_____, den _____

_____

[Eigenhändige Unterschrift des Ehegatten]

Dies ist auch mein Wille.

_____, den _____

_____

[Eigenhändige Unterschrift des anderen Ehegatten]

5.22 Einzeltestament mit Einsetzung eines verschuldeten Kindes als Vorerbe und Anordnung der Testamentsvollstreckung

Ausgangssituation: Sie sind verwitwet und haben zwei Kinder. Ihre Kinder sollen zu gleichen Teilen erben. Ein Kind ist hoch verschuldet. Sie wollen in Ihrem Testament Vorsorge treffen, dass die Gläubiger dieses Kindes nach Ihrem Tod nicht auf den Erbteil des Kindes zugreifen können.

Wenn ein Abkömmling so überschuldet ist, dass der spätere Nachlass erheblich gefährdet ist, können Sie diesem zwar den Pflichtteil nicht entziehen, Sie können aber testamentarisch dessen Verfügungsrecht über den Pflichtteil in der Form einschränken, dass das Kind nur die Erträge aus dem Pflichtteil behalten, das Vermögen selbst aber nicht angreifen kann.

Durch eine gesetzlich ausdrücklich zulässige Art »Zwangsfürsorge« wird der spätere Nachlass vor dem Zugriff seiner Gläubiger bewahrt. Damit schützen Sie nicht nur das pflichtteilsberechtigte Kind, sondern sichern mittelbar auch das Familienvermögen für künftige Generationen.

Testament

Ich unterliege keiner Bindung aus einer früheren Verfügung von Todes wegen.

Vorsorglich widerrufe ich alle Verfügungen von Todes wegen, die ich bisher errichtet habe.

Ich setze meine beiden Kinder ______________________ *und* ______________________ [jeweils Vor- und Familiennamen der Kinder einsetzen] *zu jeweils gleichen Teilen zu meinen Erben ein.*

______________________ [Vor- und Familiennamen des verschuldeten Kindes einsetzen] *ist hoch verschuldet. Ein Antrag auf Eröffnung des Insolvenzverfahrens über sein Vermögen wurde mangels Masse abgelehnt. Durch die Überschuldung ist ein späterer Erwerb erheblich gefährdet. Ich setze deshalb gemäß § 2338 BGB das Kind bezüglich seines Erbteils nur zum Vorerben ein. Nacherbe sind seine gesetzlichen Erben. Der Nacherbfall tritt mit dem Tod des Vorerben ein.*

Sollte das verschuldete Kind den Erbteil ausschlagen und den Pflichtteil verlangen, gelten für den Pflichtteil die gleichen Beschränkungen wie ich sie vorstehend für den Erbteil angeordnet habe.

Für die Zeit der Vorerbschaft ordne ich Testamentsvollstreckung an. Der Testamentsvollstrecker hat die Aufgabe, den Erbteil zu verwalten und den jährlichen Reinertrag des Erbteils an meinen Sohn auszuzahlen. Zum Testamentsvollstrecker bestimme ich ______________________ [Vor- und Familiennamen des Testamentsvollstreckers einsetzen], *ersatzweise für den Fall, dass der Testamentsvollstrecker vor oder nach dem Amtsantritt wegfällt,* ______________________ [Vor- und Familiennamen des Ersatztestamentsvollstreckers einsetzen]. *Für die Übernahme des Amts erhält der Testamentsvollstrecker eine einmalige Vergütung in Höhe von* ______________ *Euro. Die Testamentsvollstreckung endet mit dem Eintritt des Nacherbfalls.*

______________________, ______________

[Ort, Datum]

____

[Unterschrift]

Den optimalen Schutz des Familienvermögens erreichen Sie, wenn Sie eine Vor- und Nacherbschaft anordnen und diese mit einer Testamentsvollstreckung kombinieren.

Bindung an frühere Verfügungen von Todes wegen

Vgl. dazu Testament 5.3.

Formulierungsbeispiel

Testament

Ich unterliege keiner Bindung aus einer früheren Verfügung von Todes wegen.

Widerruf testamentarischer Verfügungen

Vgl. dazu Testamentsmuster 5.1.

Formulierungsbeispiel

Vorsorglich widerrufe ich alle Verfügungen von Todes wegen, die ich bisher errichtet habe.

Anordnung der Vor- und Nacherbfolge

Vgl. dazu 3.3.

Das überschuldete Kind wird als Vorerbe und dessen gesetzliche Erben als Nacherben eingesetzt. Dem pflichtteilsberechtigten Kind bleiben dann die Einkünfte aus dem hinterlassenen Vermögen.

Es darf aber keine Vermögenswerte verschenken oder Immobilien aus dem Nachlass verkaufen oder mit Grundpfandrechten (z.B. Grundschulden) belasten. Die Gläubiger des Vorerben können nicht in das Vermögen vollstrecken.

Der Grund der Beschränkung des Pflichtteils muss im Testament angegeben werden.

Formulierungsbeispiel

Ich setze meine beiden Kinder _____ und _____ [jeweils Vor- und Familiennamen der Kinder einsetzen] zu jeweils gleichen Teilen zu meinen Erben ein.

_____ [Vor- und Familiennamen des verschuldeten Kindes einsetzen] ist hoch verschuldet. Ein Antrag auf Eröffnung des Insolvenzverfahrens über sein Vermögen wurde mangels Masse abgelehnt. Durch die Überschuldung ist ein späterer Erwerb erheblich gefährdet. Ich setze deshalb gemäß § 2338 BGB das Kind bezüglich seines Erbteils nur zum Vorerben ein. Nacherbe sind seine gesetzlichen Erben. Der Nacherbfall tritt mit dem Tod des Vorerben ein.

Anordnung der Testamentsvollstreckung

Vgl. dazu 3.9.

Ergänzend wird für die Lebenszeit des verschuldeten Kindes Testamentsvollstreckung in Form der Verwaltungsvollstreckung angeordnet und dem Kind die Verwaltung des hinterlassenen Vermögens entzogen. Dem Testamentsvollstrecker obliegt dann die Aufgabe, dem überschuldeten Kind die Einkünfte, die aus dem Nachlass erzielt werden, als laufende Unterhaltszahlung zu überlassen.

Formulierungsbeispiel

Sollte das verschuldete Kind den Erbteil ausschlagen und den Pflichtteil verlangen, gelten für den Pflichtteil die gleichen Beschränkungen wie ich sie vorstehend für den Erbteil angeordnet habe.

Für die Zeit der Vorerbschaft ordne ich Testamentsvollstreckung an. Der Testamentsvollstrecker hat die Aufgabe, den Erbteil zu verwalten und den jährlichen Reinertrag des Erbteils an meinen Sohn auszuzahlen. Zum Testamentsvollstrecker bestimme ich _____ [Vor- und Familiennamen des Testamentsvollstreckers einsetzen], ersatzweise für den Fall, dass der Testamentsvollstrecker vor oder nach dem Amtsantritt wegfällt, _____ [Vor- und Familiennamen des Ersatztestamentsvollstreckers einsetzen]. Für die Übernahme des Amts erhält der Testamentsvollstrecker eine einmalige Vergütung in Höhe von _____ Euro. Die Testamentsvollstreckung endet mit dem Eintritt des Nacherbfalls.

Ort, Datum und Unterschrift

Vgl. dazu 2.2.

Formulierungsbeispiel

_____, _____

[Ort, Datum]

_____

[Unterschrift]

5.23 Gemeinschaftliches Testament der Eheleute mit Einsetzung eines behinderten Kindes als Vorerbe und Anordnung der Testamentsvollstreckung

Ausgangssituation: Sie sind verheiratet und haben mit ihrem Ehegatten zwei gemeinsame Kinder. Ein Kind ist behindert und pflegebedürftig. Er lebt in einem Heim und bezieht Sozialhilfe. Sie wollen auch das behinderte Kind als Miterben einsetzen, gleichzeitig aber dessen Erbteil vor dem Zugriff des Sozialamts schützen. In jedem Fall aber wollen Sie sicherstellen, dass das behinderte Kind über den Grundbedarf, der vom Sozialamt übernommen wird, hinaus finanzielle Annehmlichkeiten erhält.

Lebt ein behindertes Kind im Heim oder bedarf es besonderer Pflege, sind die Kosten in aller Regel so hoch, dass Sozialleistungen in Anspruch genommen werden müssen. Hat das Kind eigenes Vermögen, so muss dieses – bis auf einen geringen Freibetrag – für die entstehenden Kosten eingesetzt werden. Folglich fließt das von den Eltern geerbte Vermögen in der Regel dem Sozialhilfeträger zu, ohne dass das behinderte Kind davon einen echten Vorteil hat.

Testament

Vorsorglich widerrufen wir alle etwaigen früheren Verfügungen von Todes wegen, die wir gemeinsam oder einzeln errichtet haben.

Erbfolge nach dem Erstversterbenden

Der Erstversterbende von uns beiden setzt

a) den Überlebenden als Miterben zu vier Sechstel,

b) unsere Tochter ______________________ als Miterbin zu einem Sechstel und

c) unseren behinderten Sohn ______________________ als Miterben zu einem Sechstel ein.

Sollte ein Kind vor oder nach dem Eintritt des Erbfalls wegfallen, so wächst dessen Erbteil dem Überlebenden von uns beiden zu.

Unser Sohn wird mit seinem Erbteil nur von den gesetzlichen Beschränkungen der § 2113 ff. BGB nicht befreiter Vorerbe. Nacherbin auf seinen Tod ist der Überlebende von uns beiden, ersatzweise unsere Tochter ______________________. Der Nacherbfall tritt mit dem Tod des Vorerben ein.

Erbfolge nach dem Längstlebenden

Der Längstlebende von uns beruft zu seinen Erben unsere Tochter ______________________ und unseren Sohn ______________________.

Die Erbquote unseres behinderten Sohnes beträgt ________ Hundertstel mehr als die Hälfte seines gesetzlichen Erbteils. Im Übrigen, also mit dem restlichen Erbteil, bestimmen wir unsere Tochter als Erbin.

Unser Sohn wird allerdings auch hinsichtlich der Erbfolge nach dem Längstlebenden mit seinem Erbteil nur von den gesetzlichen Beschränkungen der § 2113 ff. BGB nicht befreiter Vorerbe. Nacherbin auf seinen Tod wird unsere Tochter ______________________, ersatzweise deren Abkömmlinge nach den Regeln der gesetzlichen Erbfolge. Der Nacherbfall tritt mit dem Tod des Vorerben ein.

Testamentsvollstreckung

Weil unser Sohn wegen seiner Pflegebedürftigkeit nicht imstande ist, seine Angelegenheiten selbst zu besorgen, insbesondere die ihm zufallenden Vermögenswerte selbst zu verwalten, ordnen wir sowohl für den Erbfall nach dem Erstversterbenden als auch für den Erbfall nach dem Längstlebenden Dauertestamentsvollstreckung an. Zum Testamentsvollstrecker benennen wir ______________________ [Vor- und Familiennamen des Testamentsvollstreckers einsetzen], ersatzweise für den Fall, dass der Testamentsvollstrecker vor oder nach dem Amtsantritt wegfällt ______________________ [Vor- und Familiennamen des Ersatztestamentsvollstreckers einsetzen]. Der Testamentsvollstrecker ist von allen gesetzlichen Beschränkungen, soweit zulässig, befreit. Für die Übernahme des Amts erhält der Testamentsvollstrecker eine angemessene Vergütung. Die Testamentsvollstreckung endet mit dem Eintritt des Nacherbfalls.

Der Testamentsvollstrecker hat den Nachlass zu verwalten. Er hat aus den Erträgen des der Nacherbschaftsanordnung unterliegenden Erbteils meinem Sohn diejenigen Zuwendungen zu leisten, die zur Verbesserung der Lebensqualität beitragen, aber nach dem Sozialhilferecht nicht dem Zugriff des Sozialhilfeträgers unterliegen. Er erhält folgende verbindliche Verwaltungsanordnung nach § 2216 Abs. 2 BGB:

- *Überlassung von Geldbeträgen in Höhe des jeweiligen Rahmens, der nach den jeweiligen einschlägigen Gesetzen einem Behinderten maximal zur freien Verfügung stehen kann,*
- *Zuschüsse zur Finanzierung und Gestaltung eines Urlaubs,*
- *Zuwendungen von Geschenken zu Weihnachten und zum Geburtstag,*
- *Zuwendungen zur Befriedigung geistiger und künstlerischer Bedürfnisse sowie zur Befriedigung der individuellen Bedürfnisse in Bezug auf Freizeitgestaltung und Hobbys,*
- ______________________________

______________________, *den* ____________

____

[Eigenhändige Unterschrift des Ehegatten]

Dies ist auch mein Wille.

______________________, *den* ____________

____

[Eigenhändige Unterschrift des anderen Ehegatten]

Mit der bloßen Enterbung des Kindes können Sie dieses Problem nicht lösen. Wenn Sie die pflegebedürftige Person enterben, entsteht ein Pflichtteilsanspruch, den der Sozialhilfeträger auf sich überleiten und anschließend gegen den Erben geltend machen kann.

Helfen kann das sogenannte Behindertentestament. Damit können Sie erreichen, dass das Vermögen der Familie erhalten bleibt und ein Zugriff des Sozialhilfeträgers auf dieses Vermögen ausgeschlossen ist. Gleichzeitig können Sie durch entsprechende testamentarische Anordnungen sicherstellen, dass die pflegebedürftige Person Zuwendungen erhält, die ihr vom Sozialhilfeträger nicht weggenommen werden dürfen.

Widerruf testamentarischer Verfügungen

Vgl. dazu Testamentsmuster 5.12.

Formulierungsbeispiel

Testament

Vorsorglich widerrufen wir alle etwaigen früheren Verfügungen von Todes wegen, die wir gemeinsam oder einzeln errichtet haben.

Vor- und Nacherbfolge

Vgl. dazu 3.3.

Sie setzen die pflegebedürftige Person in Höhe ihres Erbteils, der zumindest geringfügig über dem gesetzlichen Pflichtteil liegen muss, zum nicht befreiten Vorerben ein. Damit ist gewährleistet, dass der behinderten oder pflegebedürftigen Person kein endgültiges Vermögen zufließt.

Die Anordnung der Vor- und Nacherbfolge bezieht sich sowohl auf den Tod des erstversterbenden Ehegatten als auch auf den des Längstlebenden.

Dem Vorerben stehen die Nutzungen des Vermögens zu. Die Erträge des Nachlasses (z.B. Zinserträge) müssen eingesetzt werden, bevor Sozialhilfe verlangt werden kann.

Als Nacherben können z.B. der überlebende Ehegatte oder die Geschwister der pflegebedürftigen Person eingesetzt werden.

Der Nacherbfall tritt mit dem Tod des Vorerben ein.

Formulierungsbeispiel

Erbfolge nach dem Erstversterbenden

Der Erstversterbende von uns beiden setzt

- *den Überlebenden als Miterben zu vier Sechstel,*

- *unsere Tochter _____ als Miterbin zu einem Sechstel und*
- *unseren behinderten Sohn _____ als Miterben zu einem Sechstel ein.*

Sollte ein Kind vor oder nach dem Eintritt des Erbfalls wegfallen, so wächst dessen Erbteil dem Überlebenden von uns beiden zu.

Unser Sohn wird mit seinem Erbteil nur von den gesetzlichen Beschränkungen der § 2113 ff. BGB nicht befreiter Vorerbe. Nacherbin auf seinen Tod ist der Überlebende von uns beiden, ersatzweise unsere Tochter _____. Der Nacherbfall tritt mit dem Tod des Vorerben ein.

Erbfolge nach dem Längstlebenden

Der Längstlebende von uns beruft zu seinen Erben unsere Tochter _____ und unseren Sohn _____.

Die Erbquote unseres behinderten Sohnes beträgt _____ Hundertstel mehr als die Hälfte seines gesetzlichen Erbteils. Im Übrigen, also mit dem restlichen Erbteil, bestimmen wir unsere Tochter als Erbin.

Unser Sohn wird allerdings auch hinsichtlich der Erbfolge nach dem Längstlebenden mit seinem Erbteil nur von den gesetzlichen Beschränkungen der § 2113 ff. BGB nicht befreiter Vorerbe. Nacherbin auf seinen Tod wird unsere Tochter _____, ersatzweise deren Abkömmlinge nach den Regeln der gesetzlichen Erbfolge. Der Nacherbfall tritt mit dem Tod des Vorerben ein.

Dauertestamentsvollstreckung

Vgl. dazu 3.9.

Die Vor- und Nacherbfolge wird ergänzt durch Anordnung einer Testamentsvollstreckung. Damit werden die Nutzungen aus dem Erbteil vor Zugriffen von Gläubigern des Erben geschützt.

Der eingesetzte Testamentsvollstrecker hat die Aufgabe, der behinderten Person besondere Annehmlichkeiten zu sichern, die kein Grundbedarf sind, den der Sozialhilfeträger zu gewährleisten hat (z.B. Zuwendung geringerer Geldbeträge, Urlaubs- und Ferienaufenthalte).

Formulierungsbeispiel

Testamentsvollstreckung

Weil unser Sohn wegen seiner Pflegebedürftigkeit nicht imstande ist, seine Angelegenheiten selbst zu besorgen, insbesondere die ihm zufallenden Vermögenswerte selbst zu verwalten, ordnen wir sowohl für den Erbfall nach dem Erstversterbenden als auch für den Erbfall nach dem Längstlebenden Dauertestamentsvollstreckung an. Zum Testamentsvollstrecker benennen wir _____ [Vor- und Familiennamen des Testamentsvollstreckers einsetzen], ersatzweise für den Fall, dass der Testamentsvollstrecker vor oder nach dem Amtsantritt wegfällt _____ [Vor- und Familiennamen des Ersatztestamentsvollstreckers einsetzen]. Der Testamentsvollstrecker ist von allen gesetzlichen Beschränkungen, soweit zulässig, befreit. Für die Übernahme des Amts erhält der Testamentsvollstrecker eine angemessene Vergütung. Die Testamentsvollstreckung endet mit dem Eintritt des Nacherbfalls.

Der Testamentsvollstrecker hat den Nachlass zu verwalten. Er hat aus den Erträgen des der Nacherbschaftsanordnung unterliegenden Erbteils meinem Sohn diejenigen Zuwendungen zu leisten, die zur Verbesserung der Lebensqualität beitragen, aber nach dem Sozialhilferecht nicht dem Zugriff des Sozialhilfeträgers unterliegen. Er erhält folgende verbindliche Verwaltungsanordnung nach § 2216 Abs. 2 BGB:

- *Überlassung von Geldbeträgen in Höhe des jeweiligen Rahmens, der nach den jeweiligen einschlägigen Gesetzen einem Behinderten maximal zur freien Verfügung stehen kann,*
- *Zuschüsse zur Finanzierung und Gestaltung eines Urlaubs,*
- *Zuwendungen von Geschenken zu Weihnachten und zum Geburtstag,*
- *Zuwendungen zur Befriedigung geistiger und künstlerischer Bedürfnisse sowie zur Befriedigung der individuellen Bedürfnisse in Bezug auf Freizeitgestaltung und Hobbys,*
- _____

Ort, Datum und Unterschrift

Vgl. dazu 2.2.

Formulierungsbeispiel

_____, den _____

_____

[Eigenhändige Unterschrift des Ehegatten]

Dies ist auch mein Wille.

_____, den _____

_____

[Eigenhändige Unterschrift des anderen Ehegatten]

5.24 Einzeltestament mit Erbeinsetzung und Auflage zur Sicherstellung der Versorgung eines Haustiers

Ausgangssituation: Sie sind ledig und haben keine Kinder. Ihre Eltern sind bereits verstorben, Geschwister haben Sie keine. In erster Linie wollen Sie durch ein entsprechendes Testament sicherstellen, dass nach Ihrem Tod Ihre Haustiere versorgt sind. Zuwendungen in Ihrem Testament wollen Sie deshalb mit einer entsprechenden Auflage für den Zuwendungsempfänger verbinden.

Ein Tier kann nicht als Erbe eingesetzt werden. Ein entsprechendes Testament ist unwirksam.

Enthält das Testament keine bestimmte Regelung, wer das Tier erhält und wer sich um das Tier kümmern soll, gehört es ganz normal zum Nachlass des Verstorbenen. Das Tier wird dann von den Erben neben den anderen Nachlassgegenständen mitgeerbt und geht in das Eigentum der Erben über. Es steht aber im Belieben der Erben, das Tier zu behalten, es zu verkaufen oder einschläfern zu lassen.

Die Versorgung eines Haustiers kann testamentarisch im Rahmen einer Erbeinsetzung und einer damit verbundenen Auflage an die Erben oder in Form eines Vermächtnisses erfolgen.

Testament

Vorsorglich widerrufe ich alle Verfügungen von Todes wegen, die ich bisher errichtet habe.

Ich setze ______________________________ [Vor- und Familiennamen des Erben einsetzen] *zu meinem unbeschränkten Alleinerben ein. Dem Erben mache ich zur Auflage, dass er* ______________ ______________________________ [Beschreibung des Tieres] *aufnimmt und angemessen versorgt.*

Als Testamentsvollstrecker setze ich ______________________________ [Vor- und Familiennamen des Testamentsvollstreckers einsetzen] *ein. Er hat die Einhaltung dieser Auflage zu überwachen. Kommt er zu dem Schluss, dass die Auflage nicht ordnungsgemäß erfüllt wird, so ist er berechtigt, das Tier auf Kosten des Erben in Pflege zu geben und hierfür monatlich* ____________________ *Euro aufzuwenden.*

[Oder]

______________________________ [Vor- und Familiennamen des Vermächtnisnehmers einsetzen] *vermache ich* ______________________________ [Beschreibung des Tieres] *mit der Auflage, dass er* ______________________________ [Beschreibung des Tieres] *aufnimmt und angemessen versorgt.*

Für jeden Monat der Versorgung erhält ______________________________ [Vor- und Familiennamen des Vermächtnisnehmers einsetzen] ____________________ *Euro, zusätzlich werden die Tierarztkosten ersetzt.*

Als Testamentsvollstrecker setze ich ______________________________ [Vor- und Familiennamen des Testamentsvollstreckers einsetzen] *ein. Er hat die Einhaltung dieser Auflage zu überwachen und dafür zu sorgen, dass die Erben dem Vermächtnisnehmer den genannten Geldbetrag zahlen. Kommt der Testamentsvollstrecker zu dem Schluss, dass die Auflage nicht ordnungsgemäß erfüllt wird, so ist er berechtigt, das Tier auf Kosten der Erben in Pflege zu geben und hierfür monatlich* ____________________ *Euro aufzuwenden.*

______________________________, ______________

[Ort, Datum]

____

[Unterschrift]

Widerruf testamentarischer Verfügungen

Vgl. dazu Testamentsmuster 5.1.

Formulierungsbeispiel

Testament

Vorsorglich widerrufe ich alle Verfügungen von Todes wegen, die ich bisher errichtet habe.

Erbeinsetzung mit Auflage

Die Versorgung des Tieres kann gewährleistet werden, indem die Erben testamentarisch in Form einer Auflage verpflichtet werden, das Tier aufzunehmen und angemessen zu versorgen.

Sinnvoll ist es, einen Testamentsvollstrecker einzusetzen, der dann überwacht, dass sich die Erben angemessen um das Tier kümmern und die Auflage eingehalten wird.

Formulierungsbeispiel

Ich setze _____ [Vor- und Familiennamen des Erben einsetzen] zu meinem unbeschränkten Alleinerben ein. Dem Erben mache ich zur Auflage, dass er _____ [Beschreibung des Tieres] aufnimmt und angemessen versorgt.

Als Testamentsvollstrecker setze ich _____ [Vor- und Familiennamen des Testamentsvollstreckers einsetzen] ein. Er hat die Einhaltung dieser Auflage zu überwachen. Kommt er zu dem Schluss, dass die Auflage nicht ordnungsgemäß erfüllt wird, so ist er berechtigt, das Tier auf Kosten des Erben in Pflege zu geben und hierfür monatlich _____ Euro aufzuwenden.

Zuwendung eines Vermächtnisses

Mit der Versorgung des Tieres kann auch eine Person betraut werden, die nicht Erbe ist. In diesem Fall kann zugunsten dieser Person ein Vermächtnis angeordnet werden mit der Auflage, sich um das Tier zu kümmern. Das Vermächtnis muss beinhalten, dass das Tier dem Vermächtnisnehmer zugewendet wird, ferner sollte diesem ein bestimmter Geldbetrag vermacht werden, der den Unterhalt für das Tier für die voraussichtliche Lebensdauer abdeckt.

Auch die Zuwendung des Vermächtnisses sollte mit einer Testamentsvollstreckung verbunden werden.

Formulierungsbeispiel

_____ [Vor- und Familiennamen des Vermächtnisnehmers einsetzen] vermache ich _____ [Beschreibung des Tieres] mit der Auflage, dass er _____ [Beschreibung des Tieres] aufnimmt und angemessen versorgt.

Für jeden Monat der Versorgung erhält _____ [Vor- und Familiennamen des Vermächtnisnehmers einsetzen] _____ Euro, zusätzlich werden die Tierarztkosten ersetzt.

Als Testamentsvollstrecker setze ich _____ [Vor- und Familiennamen des Testamentsvollstreckers einsetzen] ein. Er hat die Einhaltung dieser Auflage zu überwachen und dafür zu sorgen, dass die Erben dem Vermächtnisnehmer den genannten Geldbetrag zahlen. Kommt der Testamentsvollstrecker zu dem Schluss, dass die Auflage nicht ordnungsgemäß erfüllt wird, so ist er berechtigt, das Tier auf Kosten der Erben in Pflege zu geben und hierfür monatlich _____ Euro aufzuwenden.

Ort, Datum und Unterschrift

Vgl. dazu 2.2.

Formulierungsbeispiel

_____, _____

[Ort, Datum]

_____

[Unterschrift]

5.25 Einzeltestament mit Erbeinsetzung und Einsetzung von Ersatzerben sowie Rechtswahlbestimmung bei Vermögen im EU-Ausland

Ausgangssituation: Sie sind ledig und haben keine Kinder. Sie haben zwei Geschwister, Ihre Eltern sind bereits verstorben. Sie wollen einen Geschwisterteil als Alleinerben einsetzen, ersatzweise dessen Abkömmlinge. Der andere Geschwisterteil soll nicht Erbe sein. Im Nachlass befindet sich eine Immobilie an der Côte d'Azur in Frankreich. Sie wollen, dass bei der Übertragung der Immobilie im Wege der Erbfolge deutsches Erbrecht Anwendung findet.

Testament

Vorsorglich widerrufe ich alle Verfügungen von Todes wegen, die ich bisher errichtet habe.

Ich setze ______________________ [Vor- und Familiennamen des Geschwisterteils, der Erbe sein soll, einsetzen] *zu meinem unbeschränkten Alleinerben ein. Als Ersatzerben bestimme ich dessen Abkömmlinge.*

______________________ [Vor- und Familiennamen des Geschwisterteils, der enterbt werden soll, einsetzen] *enterbe ich.*

Ich wähle für die Zulässigkeit und materielle Wirksamkeit meiner Verfügungen von Todes wegen und die Rechtsnachfolge von Todes wegen nach meinem Tod das deutsche Recht. Mein gesamter Nachlass soll nach deutschem Recht vererbt werden. Diese Rechtswahl soll auch dann weiterhin Gültigkeit haben, wenn ich meinen Wohnsitz oder letzten gewöhnlichen Aufenthalt im Ausland habe.

______________________, ______________

[Ort, Datum]

____

[Unterschrift]

Sie können nach Ihrem Belieben über Ihren Nachlass verfügen. Ihre Geschwister gehören nicht zu den Pflichtteilsberechtigten. Der enterbte Geschwisterteil kann also gegen Ihren Alleinerben keine Pflichtteilsansprüche geltend machen.

Nach der am 16.8.2012 in Kraft getretenen Europäischen Erbrechtsverordnung richtet sich dem Grunde nach die gesamte Rechtsnachfolge von Todes wegen nach dem Recht des Staates, in dem der Erblasser zum Zeitpunkt seines Todes seinen gewöhnlichen Aufenthalt hatte. Für alle Menschen, die dauerhaft in Deutschland leben und dann versterben, gilt also – unabhängig von ihrer Staatsangehörigkeit – künftig deutsches Erbrecht. Ein Deutscher wird aber künftig nach französischem Recht beerbt, wenn er zuletzt überwiegend an der Côte d'Azur gelebt hat.

Allerdings besteht unter bestimmten Voraussetzungen die Möglichkeit einer Rechtswahl. Der Erblasser kann also eine vertraute Rechtsordnung wählen und in dem ihm bekannten Recht entsprechende letztwillige Verfügungen treffen.

Widerruf testamentarischer Verfügungen

Vgl. dazu Testamentsmuster 5.1.

Formulierungsbeispiel

Testament

Vorsorglich widerrufe ich alle Verfügungen von Todes wegen, die ich bisher errichtet habe.

Erbeinsetzung

Weil Ihre Geschwister Ihre gesetzlichen Erben sind, müssen Sie den von Ihnen als Erben vorgesehenen Geschwisterteil ausdrücklich zum Alleinerben einsetzen.

Formulierungsbeispiel

Ich setze _____ [Vor- und Familiennamen des Geschwisterteils, der Erbe sein soll, einsetzen] zu meinem unbeschränkten Alleinerben ein. Als Ersatzerben bestimme ich dessen Abkömmlinge.

Enterbung

Wenn Sie einen Geschwisterteil als Alleinerben einsetzen, ist der andere Geschwisterteil zwar zwangsläufig enterbt, gleichwohl können Sie dessen Enterbung nochmals ausdrücklich bestimmen.

Formulierungsbeispiel

_____ [Vor- und Familiennamen des Geschwisterteils, der enterbt werden soll, einsetzen] enterbe ich.

Rechtswahlbestimmung

Als Erblasser können Sie testamentarisch bestimmen, dass Ihr Vermögen nach Ihrem Tod nach dem Erbrecht des Staats vererbt wird, dessen Staatsangehörigkeit Sie besitzen. Besitzen Sie mehrere Staatsangehörigkeiten, können Sie das Recht eines der Staaten wählen, denen Sie zum Zeitpunkt Ihrer Rechtswahl oder zum Zeitpunkt Ihres Todes angehören (vgl. dazu 3.11).

Formulierungsbeispiel

Ich wähle für die Zulässigkeit und materielle Wirksamkeit meiner Verfügungen von Todes wegen und die Rechtsnachfolge von Todes wegen nach meinem Tod das deutsche Recht. Mein gesamter Nachlass soll nach deutschem Recht vererbt werden. Diese Rechtswahl soll auch dann weiterhin Gültigkeit haben, wenn ich meinen Wohnsitz oder letzten gewöhnlichen Aufenthalt im Ausland habe.

Ort, Datum und Unterschrift

Vgl. dazu 2.2.

Formulierungsbeispiel

_____, _____

[Ort, Datum]

_____

[Unterschrift]

Alle Formulare in diesem Ratgeber finden Sie auch zum **Download im Internet** unter www.steuertipps.de/erbschaftsassistent